RAPPORT POUR LE PRÉSIDENT DE LA RÉPUBLIQUE SUR LA FRANCE ET LA MONDIALISATION

DU MÊME AUTEUR

Les Mondes de François Mitterrand : À l'Élysée (1981-1995), Fayard, 1996.

Les Cartes de la France à l'heure de la mondialisation, avec Dominique Moïsi, Fayard, 2000.

Face à l'hyperpuissance, Fayard, 2003.

François Mitterrand, un dessein, un destin, coll. « Découvertes », Gallimard, 2006.

Continuer l'Histoire, Fayard, 2007.

Hubert Védrine

Rapport pour le président de la République sur La France et la mondialisation

Fayard

ISBN : 978-2-213-63571-2

LE PRÉSIDENT DE LA RÉPUBLIQUE

Paris, le 0 2 JUIL. 2007

Monsieur le Ministre,

Le monde a connu depuis près de vingt ans des bouleversements majeurs dont nous avons encore à mesurer – et à tirer – toutes les conséquences : fin du monde bipolaire ; émergence de nouveaux acteurs essentiels, politiques et économiques ; apparition de nouvelles lignes de fracture, et de menaces telles que le terrorisme transnational et les Etats faillis, mais aussi le réchauffement climatique et les pandémies.

Dans ce monde nouveau, globalisé, la France et l'Union européenne doivent repenser leur rôle, leur positionnement ; elles doivent imaginer, dans la fidélité à leur histoire et à leurs alliances, les initiatives leur permettant de promouvoir leurs idéaux, leurs valeurs, dans un esprit de dialogue et de coopération, comme de défendre au mieux leurs intérêts.

Nul mieux que vous, en France, ne peut conduire cette nécessaire réflexion, qui devra déboucher sur des propositions concrètes.

C'est pourquoi je souhaite personnellement vous confier la rédaction d'un rapport que vous pourriez me présenter avant la mi-septembre.

Je vous prie, Monsieur le Ministre, de croire à l'assurance de ma considération distinguée.

et amicale

Nicolas SARKOZY

Monsieur Hubert VEDRINE
Ancien Ministre des Affaires Etrangères

Paris, le 4 septembre 2007

Dans la lettre qu'il m'a adressée le 2 juillet, le président de la République m'a demandé de réfléchir aux changements de positionnement de la France et de l'Union européenne dans le monde globalisé, d'examiner si la France et l'Union européenne ne devraient pas aujourd'hui défendre autrement leurs intérêts, promouvoir autrement leurs valeurs, et de faire, à partir de cette analyse, des propositions.

J'examine donc dans les pages ci-après si la France doit, ou non, repenser sa position face à la mondialisation. Je m'interrogerai sur son attitude globale, politique et économique, mais aussi, plus spécifiquement, sur sa politique étrangère, sa politique de défense et sa politique d'influence. J'examinerai quels sont, à mon sens, les avantages et inconvénients du maintien ou de la modification de ces positions. Je me poserai les mêmes questions concernant l'Union européenne, car s'il ne nous revient pas de décider seuls de son orientation, nous pouvons l'influencer fortement.

Avant de rédiger ce rapport, j'ai relu l'essentiel de ce qui a pu être écrit et proposé ces dernières années sur cette question de la mondialisation par des politiques, des parlementaires, des économistes, des analystes et experts divers, des chefs d'entreprise, ainsi que les analyses d'opinion qui s'y rattachent.

Hubert Védrine

I

La France doit-elle repenser sa position face à la mondialisation ?

1 – Remarques préalables sur la méfiance française

1 – Depuis une quinzaine d'années au moins, l'attitude française envers la mondialisation se caractérise par une méfiance persistante et par un pessimisme constant des Français quant à leur devenir, leur pays, l'avenir de leurs enfants.

Déjà, en septembre 1992, conscient de cette inquiétude qui commençait à mettre en péril la construction européenne, le président

Mitterrand avait dû promettre, lors du débat avec Philippe Séguin sur Maastricht : « Une Europe forte vous protégera mieux. » Vous protégera : de la mondialisation dont les études montraient qu'elle inquiétait déjà les Français. Neuf ans plus tard, en novembre 2001, selon Ipsos, 45 % des Français (mais 30 % seulement des moins de 35 ans) estimaient que la « mondialisation présente plus d'inconvénients que d'avantages pour la France », contre 34 % d'un avis opposé. Constante : plus les Français sont âgés, ou peu diplômés, et plus ils se montrent inquiets, mais l'inquiétude est largement répandue dans toute la population : 45 % des ouvriers s'en méfient, mais aussi 39 % des cadres supérieurs et des professions libérales.

Au printemps 2006 encore, pour 45 % des Français, elle est un danger. Elle n'est une chance que pour 24 % seulement (enquête du Cevipof). Pour l'Ifop, en 2007, pendant la campagne présidentielle, ce sont 74 % des Français (contre 64 % en 2002) que la mondialisation des échanges inquiète. Toutefois, 84 % estiment alors que la France peut rattraper son retard « si des réformes importantes sont engagées », et 74 % qu'elle reste une grande puissance économique.

En juillet 2007 (Sofres), 74 % des Français jugent la mondialisation négative pour les salariés, 48 % pour les entreprises. Il y a même un « euro-baromètre » où 70 % des Français voient la mondialisation comme une menace ! On a pu parler de « globalophobie ».

Cependant, une autre enquête, récente, menée au printemps 2007 pour le *Financial Times* dans six pays occidentaux (Grande-Bretagne, France, Italie, Espagne, Allemagne, États-Unis), si elle confirme que seuls 18 % des Français ont une opinion positive de la mondialisation, montre aussi que seuls 35 % des Allemands, 23 % des Italiens, 17 % des Espagnols et, plus étonnant encore, 17 % des Américains et 15 % des Britanniques la jugent positivement. Ce sondage, recoupé par d'autres, relativise donc le caractère exceptionnel de la réticence française ainsi que l'enthousiasme des autres peuples occidentaux, y compris anglo-saxons, face à la mondialisation. Plusieurs euro-baromètres ont mesuré la méfiance européenne moyenne à 47 %.

Ce ne sont donc pas les sentiments d'inquiétude et de méfiance des Français qui sont particuliers, même s'ils sont élevés, mais plutôt leur manque de confiance en eux.

2 – Les racines de ce désir français de pouvoir être « contre » la mondialisation, cette espérance dans une « autre » mondialisation, sont profondes et ont été bien inventoriées :

• l'attachement au rôle structurant, protecteur et redistributeur de l'État, et plus largement à celui de la volonté politique, rognés puis remis en cause par les marchés ;

• l'attachement à une identité et à une langue menacées par la marée anglophone (si la mondialisation se faisait en français, les réactions françaises seraient assez différentes) ;

• la jalousie envers ce qui est perçu comme une américanisation ;

• une répugnance morale persistante envers l'économie de marché et son moteur, le profit : les Français seraient le grand peuple au monde *le moins* favorable, et de loin (35 %), à l'économie de marché ;

• la volonté déterminée de conserver une large protection sociale contre la mise en concurrence directe des ouvriers français et chinois, et la précarité qui en résulte ;

• l'attachement, catholique et marxiste, à l'égalité, voire à l'égalitarisme, la haine des inégalités spectaculaires et de l'enrichissement provoquant et indû générés par la mondialisation financière et l'économie « casino » ;

• la culture française reste marquée par l'esprit des Lumières, sauf sur un point récent et pernicieux : la désaffection envers la science (*cf.* l'effondrement des effectifs des écoles d'ingénieurs au profit des écoles de commerce), et son corollaire : la crainte de l'avenir et la perte de confiance dans le progrès, y compris dans celui sans lequel on ne pourra conjurer la menace écologique. Une grande partie de l'opinion, y compris à gauche, ce qui est frappant et paradoxal, est touchée par cette régression et cet abandon d'une partie essentielle de la philosophie du progrès, traduits par une interprétation paralysante du principe de précaution.

3 – Compte tenu de ce qu'ils sont et de ce que l'histoire les a faits, il est donc plus difficile pour les Français, et plus méritoire, d'accepter la mondialisation, surtout la mondialisation ultralibérale financiarisée et dérégulée, très enrichissante mais aussi formidablement *inégale,* qu'à des peuples voués de longue date au libre-échange, qui attendent moins de l'État ou s'en méfient, et ont moins fait de leur culture et de leur langue une composante essentielle de leur identité. Et c'est moins évident pour eux d'en attendre un progrès quelconque que pour des puissances émergentes, ou toujours en attente de développement, et qui, elles, n'ont rien à y perdre. Pourtant, cela n'a pas empêché la France réelle, l'économie réelle, les Français réels de se transformer et de s'adapter avec succès. Mais, dans leur majorité, ils ne veulent pas l'admettre et, en tout cas, n'en tirent aucune confiance pour leur avenir.

Le court-termisme et le catastrophisme intrinsèque du système médiatique n'arrangent rien ! En attendant, le débat en France sur la mondialisation frappe par son caractère théorique sans rapport avec les réalités, sauf des faits isolés, non reliés entre eux et instrumentalisés pour les besoins de la démonstration. L'intransigeance de chaque groupe de pensée antagoniste – partisans de l'ouverture ou opposants – en est la traduction qui empêche un consensus dynamique de se former.

À cela s'ajoute la cassure dans l'opinion sur la compréhension de l'économie : selon trois sondages BVA et Sofres demandés par le ministère de l'Économie à l'occasion de l'installation de la Commission pour la diffusion de la culture économique, la Codice, seule *la moitié* des sondés déclare « comprendre » l'économie. Mais cette moyenne masque un fossé entre les « catégories aisées » qui disent comprendre et les personnes « peu diplômées » qui disent ne pas comprendre et sont les plus pessimistes. En même temps, 75 % des Français souhaitent en savoir plus, 95 % voudraient que les médias leur fassent mieux comprendre l'économie, et 60 % l'attendent des politiques.

4 – Pour les « partisans » de l'ouverture et de la mondialisation – chefs d'entreprise, patronat, une grande partie des économistes et des médias –, celle-ci est uniquement positive, et gagnante pour tout le monde. Il suffit de faire de la pédagogie en enseignant à une opinion récalcitrante et légèrement retardée les bienfaits de la mondialisation. Tout au plus ceux-là concèdent-ils la nécessité de faire preuve de solidarité (et alors ils redécouvrent les vertus de l'État et du niveau national) envers les perdants (donc il y en a ?) de la mondialisation. Pour ce courant de pensée, nous n'avons pas le choix, l'adaptation est un pur ralliement. « Réguler la mondialisation » est considéré par lui comme une formule rhétorique sans portée réelle à laquelle les politiciens sont verbalement contraints. Et si resurgit l'idée d'une taxe sur les transactions financières, ou autre, elle est considérée comme une aberration à étouffer d'emblée sous le poids des impossibilités de toutes sortes. Toute demande de « protection » contre la mondialisation est considérée comme le signe d'un archaïsme handicapant que les esprits éclairés se doivent d'empêcher.

Toute mesure de protection, même la plus justifiée et pratiquée par d'autres pays capitalistes, est stigmatisée comme préfigurant le retour à un protectionnisme appauvrissant, à la guerre, etc.

5 – Cette intransigeance n'est pas la seule. De leur côté les « anti » ou « alter », la plupart des écologistes et la gauche de la gauche, ne reconnaissent presque aucun aspect positif à la mondialisation, sauf peut-être de favoriser la circulation des populations et de dissoudre – espèrent-ils – les identités nationales. Cette partie de l'opinion impute aux « délocalisations » ou à l'arrivée sur notre marché du travail de travailleurs étrangers, *tous* les problèmes de l'emploi en France. Des délocalisations ont lieu et frappent les esprits. Cependant, les spécialistes divergent sur l'ampleur des pertes d'emplois qui leur sont dues (de 3 à 10 %), et de nombreuses autres causes, structurelles à notre économie, expliquent l'insuffisance de création d'emplois nouveaux qualifiés et le chômage de masse dans notre pays. Ce courant de pensée ne se résigne toujours pas à s'inscrire dans

le cadre de l'économie globale de marché. Il continue de condamner cette économie non pour ses excès ou dérives, mais en raison de son principe même – le profit –, et place des espoirs considérables dans l'appel à plus de régulation (en pensant : réglementation) comme si cela ne dépendait que de nous. Cette partie de l'opinion sous-estime l'enthousiasme des pays émergents à y participer et à en profiter au maximum. Elle néglige les quelque 5 % annuels de croissance mondiale et la sortie de l'extrême pauvreté, en vingt ans, de quelque 400 millions de Chinois, d'Indiens et autres.

6 – Le catéchisme néolibéral (quel dommage que le beau mot de « libéral » passe pour négatif !) sur la « mondialisation heureuse qui est une chance pour la France » a échoué à convaincre l'opinion. Depuis des années, de nombreux rapports favorables à la mondialisation ont été publiés, d'innombrables articles et discours sur le système économique de libre-échange, censé être « win-win » (gagnant/gagnant) pour tous, ont été écrits ou prononcés, les prouesses

(réelles) des grandes entreprises du CAC 40 ont été mises en exergue. L'enrichissement des consommateurs, par l'importation massive de biens chinois ou autres, manufacturés à faible coût, est rappelé chaque jour. Tout cela n'a pas suffi à ce que le jugement positif l'emporte dans les opinions européennes y compris française. Si la « mondialisation » n'était qu'une éventualité, un choix possible parmi d'autres, et qu'elle fasse l'objet d'un référendum dans les pays de l'Union européenne (ce qui n'aurait pas de sens, mais il s'agit là d'éclairer la réflexion), il est très probable que le *non* l'emporterait dans beaucoup d'entre eux. Les « partisans » de la mondialisation plaideraient pour l'« ouverture », contre la « fermeture » et le « repli sur soi ». Ils connaîtraient probablement le sort des partisans du « oui » au référendum sur le traité constitutionnel du printemps 2005. Cet échec de la propagande promondialisation de toutes les autorités politiques et économiques des vingt dernières années doit être pris en compte, analysé et compris, si l'on veut faire bouger les mentalités.

7 – De la même façon, la méfiance antimondialiste a démontré sa stérilité. L'opinion pourrait d'ailleurs se demander quelles sont la pertinence et l'efficacité d'une position française marquée par une ouverture maximale en pratique (le CAC 40 possédé à moitié par des non-Français) et une méfiance maximale dans les mots et les opinions. Cette circonspection explicable de peuples expérimentés, qui ne sont pas prêts à brader un mode de vie et une qualité de vie sans équivalent pour les charmes incertains de la mondialisation, leur a-t-elle permis d'empêcher cette seconde mondialisation (la première fut celle des années 1890-1914, dont les conséquences n'ont pas été maîtrisées) d'être déclenchée, il y a une vingtaine d'années, par les entreprises américaines et leurs relais politiques et médiatiques américains ou britanniques ? Il est évident que non. Pas plus que de dissuader Deng Xiaoping de libérer (avant même que Reagan et Thatcher aient lancé leur révolution conservatrice) la colossale énergie chinoise en décrétant : « Peu importe que le chat soit noir ou blanc, s'il attrape la souris », la souris étant le rétablissement en quelques décennies de la Chine au

premier rang mondial par le recours effréné au capitalisme sauvage des origines ? Non plus. Pas plus que d'empêcher que l'URSS se désagrège et que le monde soit décompartimenté, ouvert (comme on disait d'une ville qu'elle était « ouverte » à une force victorieuse) à l'expansion sans limites de l'économie de marché globale financiarisée ? Non, encore. D'empêcher le développement fulgurant d'Internet, des portables, de la numérisation, etc., et l'effondrement des coûts de transports (qui ne prennent pas en compte leur impact environnemental) et des télécommunications ? Non, toujours non. Et que les gouvernements des États membres de l'Union européenne, de gauche comme de droite, ne soient obsédés depuis les années 1990 que d'« adaptation » ? Non, toujours.

Les seuls échecs notables subis par les forces de dérégulation au cours des dernières années sont l'abandon, par veto du Premier ministre, Lionel Jospin, de l'accord AMI (« Accord multilatéral sur les investissements ») préparé par l'OCDE, qui achevait de subordonner les gouvernements des États membres aux desiderata financiers et juridiques des investisseurs internationaux ; le piétinement du cycle de négociations OMC, dit de Doha, encore que ce soit à double tranchant ; et, peut-être, la décision de certains pays émergents désendettés de se passer des services trop contraignants du FMI, ainsi que les projets latino-américains de banques régionales.

8 – Ce schématisme binaire, politique et social, enkysté, cette opinion divisée ne servent pas nos intérêts. Parce que nous ne reconnaissons pas explicitement l'économie globale de marché comme un fait, nous sommes moins efficaces pour en tirer parti, et moins convaincants pour trouver des alliés et des partenaires en Europe et ailleurs afin d'en corriger les défauts. Tout cela a été très bien démontré dans de nombreux rapports, qu'ils soient d'inspiration libérale ou sociale-démocrate. Sans grand effet jusqu'ici, car pour un grand nombre de politiciens, de partis, de syndicats, de groupements professionnels, de lobbies, de médias, ces postures partiales et partielles, pour ou contre, sont des rentes de situation commodes dont ils ne peuvent

s'affranchir sans risques, tant il faudrait pour cela aller contre des positions considérées, dans un sens comme dans l'autre, comme des tabous par la base, les militants, les adhérents, les groupes d'intérêt, l'opinion, les investisseurs, les marchés, etc. Ce qui explique qu'aucun gouvernement récent n'ait pris à bras-le-corps ce problème de la France dans la mondialisation dans son ensemble, sauf peut-être le gouvernement Jospin à ses débuts, dans une période de croissance et d'optimisme, il est vrai ! La France serait bien plus forte si les Français parvenaient à bâtir ensemble un consensus dynamique combinant étroitement adaptation, protection, régulation, solidarité et action européenne.

Ce consensus souhaitable n'est atteignable que si cette *policy mix* est présentée et expliquée comme un ensemble cohérent et que chacun de ses volets est assumé comme indispensable et légitime, y compris les politiques de protection et de solidarité. Dans la pratique, c'est un peu ce qui se fait, mais dans le désordre et sans que cela soit revendiqué comme *une stratégie d'ensemble.* Tous les pays comparables au nôtre pratiquent en réalité sans complexe une telle combinaison, pourquoi pas nous ? Pourquoi ne pas le dire plus clairement ? Il ne s'agit pas de geler artificiellement le débat droite/gauche, majorité/opposition, que rien n'empêchera de se poursuivre – et d'ailleurs le dosage exact « réforme/protection » varie partout en fonction du rapport de forces gauche/droite, mais de rassembler les Français sur une stratégie d'ensemble de longue haleine dans un domaine d'intérêt national. Regardons les Allemands : s'ils sont plus confiants que les Français en ce qui concerne leur position dans l'économie globale de marché, cela ne les empêche pas de débattre vivement de leur politique sociale : durée du travail, création ou non d'un smic, niveau des allocations chômage, etc., alors même qu'ils ont un accord de coalition ! Un consensus français ambitieux dans la mondialisation n'entraverait pas la poursuite du débat politique.

Résumé du consensus à atteindre :

A – les Français acceptent l'économie globale de marché comme un fait ;

B – la France mène des politiques combinées pour tirer le meilleur parti de cette mondialisation. Elle s'adapte, elle se réforme et crée des emplois nouveaux en montant en gamme technologique tout en s'inscrivant dans la mutation écologique de l'économie ;

C – elle préserve un cœur de compétences, de souverainetés et de responsabilités publiques ;

D – elle amortit les chocs brutaux ; elle n'abandonne personne, aucune catégorie socioprofessionnelle. Elle met en œuvre des politiques de solidarité et de reconversion nouvelles et ciblées. Cela concerne l'État, les collectivités locales, les organisations professionnelles ;

E – elle mène et inspire au niveau européen une politique beaucoup plus offensive de protection, de solidarité et de régulation pour que l'Europe devienne la régulatrice du monde global.

Le but à atteindre est que les Français se convainquent que la France sait quoi faire et comment faire non plus *face* à la mondialisation, mais *dans* la mondialisation.

2 – La France dans la mondialisation : une stratégie offensive

Cette stratégie comporte un préalable et cinq volets solidaires.

A. Préalable à une nouvelle politique dans la mondialisation : être conscients de nos atouts dans la mondialisation et les valoriser

Une perception objective de la situation de la France dans la mondialisation avec ses points forts et ses points faibles nous renforcerait. Elle est un préalable à l'établissement d'un consensus.

En dépit des divergences politiques, les rapports, qu'ils soient d'inspiration plutôt libérale ou plutôt sociale-démocrate, établissent d'ailleurs à peu près les mêmes listes.

Les handicaps :

Ils tournent tous autour de la rigidité de notre économie, de son manque de réactivité, du décrochage de notre système de formation et du manque d'investissement pour l'avenir.

Tout le reste en découle. Croissance trop faible, insuffisante création d'emplois nouveaux dans les secteurs d'avenir, chômage très élevé, entre 8 à 10 % depuis vingt ans (8 % en 2007), qui frappe en priorité les jeunes, les seniors et les gens peu formés, et qui démoralise le pays, détruit la cohésion sociale et inquiète jusqu'aux classes moyennes, et qui dégrade les finances publiques.

De plus, paradoxe, les dépenses sociales de la France, qui représentent pourtant 30 % de son PIB, comme dans les pays scandinaves, sont peu efficaces dans la lutte contre la pauvreté, ce qui peut s'expliquer par le « poids et l'inefficacité financière de la sphère publique » (Camdessus). Le système de protection est lui-même devenu inadapté.

À cela s'ajoute un tissu de PME important, mais mal organisé à l'exportation, et des parts de marché en recul dans les pays de la zone euro, insuffisantes et fragiles dans les grands pays émergents.

La controverse sur la réduction du temps travaillé reste au cœur de la controverse droite/gauche sur nos handicaps.

Les universités et les grandes écoles françaises sont presque absentes des classements mondiaux, mais une partie de l'opinion récuse le principe même de ces classements et leurs critères.

Tous ces handicaps peuvent être corrigés ou surmontés.

Mais, à côté de cela, la France dispose de nombreux avantages objectifs qui ont été bien recensés :

Avec seulement 1 % de la population du globe sur 1 % de la superficie terrestre, elle est la cinquième puissance économique mondiale et produit 5 % du PIB mondial.

Son PIB par tête est très élevé. Les travailleurs français arrivent en troisième position mondiale derrière les Norvégiens et les Américains pour leur productivité par heure de travail.

Elle est le troisième exportateur de services et le deuxième investisseur à l'étranger. Elle est le cinquième pays pour l'accueil des investissements directs étrangers (soit 40 000 emplois par an), ce qui confirme, avec sa position de premier pays au monde pour le tourisme, l'attractivité de son territoire (beauté, diversité, accessibilité, réseaux, infrastructures), atout très important à l'heure où ce sont les entreprises globales qui mettent en concurrence des territoires, et non l'inverse.

Plus de 300 000 emplois sont attribuables en France aux échanges internationaux, et ceux-ci génèrent 0,2 point de la croissance du PIB chaque année.

La réussite mondiale des grandes entreprises françaises, du CAC 40 et autres, en quelques années, est spectaculaire. Ainsi, parmi les 500 premières entreprises mondiales recensées par *Fortune*, 39 sont françaises (deuxième place après les États-Unis) devant la Grande-Bretagne (38) et l'Allemagne (32).

Les capacités technologiques françaises aéronautiques, spatiales, nucléaires, en transports et autres, sont de premier plan, résultat d'une politique publique persévérante.

À cela s'ajoutent de nombreux autres atouts qui ne sont pas strictement économiques, mais qui comptent beaucoup à l'heure globale, et sont souvent trop négligés ou considérés comme secondaires ou dépassés par les Français eux-mêmes :

- une démographie moins déprimée que celle des autres Européens ;
- notre langue, une des cinq ou six langues de culture et de civilisation ;
- les DOM/TOM, leur influence régionale, les zones économiques spéciales maritimes ;
- nos réseaux culturels, linguistiques et audiovisuels ;
- notre politique étrangère, une de celles qui comptent ;
- notre capacité militaire à l'extérieur, la plus forte en Europe après celle des Britanniques ;
- notre capacité et notre savoir-faire juridiques, de premier plan en dépit des préjugés partiaux émis par le rapport « Doing Business » de la Banque mondiale contre le droit civil, continental, « romano-germanique », et favorable à la seule *common law*, alors qu'il y a place pour les deux ;
- l'image de qualité de la vie en France, concept à la fois matériel et immatériel ;
- sans oublier un formidable potentiel

agricole. Celui-ci est curieusement absent de la plupart des rapports sur la mondialisation. Alors que la Terre va sur ses neuf milliards d'habitants et que la demande de nourriture va croître, la situation climatique et pédologique exceptionnelle du territoire français, le Bassin parisien – une des plus grandes plaines à blé du monde –, une capacité remarquable pour la production de viandes, de lait et de fromages, de fruits et légumes, font de la France la deuxième ou la troisième puissance agricole au monde. C'est un formidable atout. De plus, depuis les réformes de 1986 sur le lait, de 1990-1992 sur le blé, depuis le découplage en 2002-2003 entre l'aide aux agriculteurs et leur production, et l'abandon de l'aide à l'exportation, la politique agricole commune (PAC) n'est plus « protectionniste », elle est conforme aux règles OMC. Cette agriculture exportatrice crée 10 milliards d'euros d'excédent. Elle est en fait un secteur de haute technologie animé de plus en plus par de jeunes managers agricoles, que complète une petite agriculture à vocation écologique et territoriale.

Ce tableau ne justifie pas un excès prétentieux de confiance en soi – il y beaucoup à faire –, mais il invalide le pessimisme ambiant. Il appartient aux dirigeants politiques d'assumer ce tableau pour corriger cet état d'esprit.

B. Premier volet de cette stratégie : nous adapter pour mieux tirer parti de la mondialisation

Le mot « adaptation » évoque surtout pour l'opinion licenciements, délocalisations, réduction des protections sociales... Or, s'adapter pour tirer parti de la mondialisation, ce n'est pas se conformer à des règles imposées de l'extérieur, c'est au contraire valoriser nos atouts et libérer les énergies tout en essayant de corriger les mécanismes. Pour certains économistes, l'adaptation, cela consisterait surtout à rendre la France plus capitaliste, à développer l'actionnariat populaire et les fonds de pension à la française. Ce volet « adaptation » est au cœur des rapports Camdessus (2004) et Morand (2007), et des travaux à venir de la commission Attali pour la « libération de la croissance » (août 2007), sur la libération du travail (grand sujet de controverse droite/gauche en Europe), sur la dynamisation du marché des biens et des services, et sur l'accroissement de la compétitivité des entreprises.

L'adaptation, cela peut être aussi :

- faire profiter davantage les consommateurs des *baisses de prix*. Pour des raisons de concurrence insuffisante dans le secteur de la distribution, en France, les prix des biens mondialisés (mis à part l'essence et le gaz) sont restés stables depuis dix ans alors qu'ils ont baissé de 19 % en Grande Bretagne, ce qui représente une perte de pouvoir d'achat pour les Français d'environ 5 %. Les ménages à faible pouvoir d'achat, dont les salaires ont en général stagné depuis trente-cinq ans en termes réels, sont ainsi privés d'une des seules manifestations de la mondialisation qui puisse leur bénéficier concrètement ! Toute la pédagogie sur nos exportations qui créent des centaines de milliers d'emplois ne compense pas cela à leurs yeux !
- c'est aussi accroître la capacité exportatrice de la France. Cela concerne les secteurs industriels à haut potentiel de croissance et compétitifs (5 % de l'emploi industriel total

selon le rapport Morand) en direction d'une vingtaine de pays cibles du fait de leur fort niveau actuel de protection, qui va se réduire, et de la croissance importante probable de leur économie ; cela concerne aussi les services : services financiers, télécommunications, distribution, construction, services environnementaux, transports maritimes et aériens, les cibles étant à la fois les pays de l'OCDE, les émergents, les pays en développement. Et, bien sûr, cela concerne les PME. Elles créent déjà 55 % de la richesse nationale et ont créé 1,8 million d'emplois entre 1985 et 2000 (alors que les grandes entreprises n'en ont créé que 263 000 dans le même temps). Il faut les aider à se développer plus vite, à s'organiser mieux et à exporter dans des conditions de plus grande sécurité juridique. L'adoption d'un « Small business Act » les aidera si le mécanisme en est simple, décentralisé et non bureaucratique. Un SMA pourrait être conçu au niveau européen (*cf.* le rapport demandé à Lionel Stoleru).

La France a également intérêt :

• à rester une des principales destinations pour les investissements directs à l'étranger (la France a été le troisième pays d'accueil en 2006, ce qui a représenté 40 000 emplois) grâce à sa géographie centrale et propice, mais aussi, ce qui s'entretient, par la qualité de ses infrastructures et de ses services, y compris publics, à condition de sauvegarder ses intérêts nationaux, sur le modèle américain ;

• à entretenir et mieux exploiter l'image de culture, de créativité et de qualité, le capital « immatériel » de la France (*cf.* rapport Jouyet) : ce qui englobe à la fois l'attractivité du territoire, les marques françaises du luxe, le savoir-faire technique, le design, l'architecture (*cf.* les quinze années de grands travaux), la qualité des services, la gastronomie, le vin, etc. ;

• à valoriser constamment son attractivité touristique, déjà citée ;

• à faire de Roissy la première vitrine d'accueil des étrangers ;

• à valoriser son potentiel agricole en veillant à ce que l'accord sur le cycle de Doha – s'il est conclu – prenne bien en compte la réforme de la PAC déjà mise en œuvre en 2003 ; et à préparer la probable prochaine réforme de la PAC, c'est-à-dire sa mise en conformité avec les exigences écologiques. La France devrait prendre les devants et proposer une PAC écologique, durable et compétitive : une PAEC ;

• à lancer un formidable effort de mise à niveau de son système d'éducation et de formation : apprentissage le plus précoce possible des langues étrangères et des technologies de communication (bien sûr, il faut d'abord savoir... lire, écrire, compter et parler français). À faire évaluer par un collège d'enseignants et d'économistes la façon dont sont présentées en seconde, première et terminale, la mondialisation, l'économie et les entreprises, ainsi que les relations internationales depuis 1945 et depuis 1989. À mettre l'enseignement supérieur en dix ans au meilleur niveau mondial, avec les moyens correspondants, peut-être dans le cadre d'une initiative européenne élaborée en réseau avec les meilleures universités et grandes écoles des Vingt-Sept. À relancer les formations scientifiques et d'ingénieurs (les Chinois et les Indiens en forment 300 000 à 400 000 par an). À porter d'ici à 2010 des crédits de la recherche à 3 % du PIB (recommandée par tous les rapports), action à combiner avec une initiative européenne, voire avec une nouvelle politique commune.

Toutes ces actions nous renforceraient. Mais, au-delà, selon la théorie économique libre-échangiste, la France aurait intérêt à se spécialiser plus dans les domaines où elle dispose d'*avantages comparatifs* évidents. Mais quels sont-ils ? Le nucléaire ? L'eau ? Les transports ? L'aéronautique ? L'agriculture ? L'immatériel ? La théorie est séduisante, l'application malaisée. Comment ne pas se tromper en négligeant tel ou tel secteur ? Devons-nous faire comme les Britanniques qui jouent clairement une carte, celle du *hub* financier mondial ?

La solution pour nous n'est sans doute pas de sacrifier tel ou tel secteur, mais de renforcer nos entreprises gagnantes potentielles. Compte tenu des inhibitions européennes vis-à-vis de cette démarche, le rapport Beffa a ainsi proposé en 2005 qu'une « Agence *française* de l'innovation industrielle » facilite en amont le démarrage de programmes de nouvelles technologies à fort potentiel industriel, dans les domaines de la santé, de l'énergie, de l'environnement, du transport et des technologies de l'information et de la communication. Cette politique consiste à renforcer les pôles forts pour qu'ils diffusent ensuite, dans le tissu économique, innovation et croissance. C'est aussi la politique des « pôles d'excellence », lesquels devraient être moins nombreux. Mais on ne peut plus penser économie d'un côté et écologie de l'autre.

Toute détermination des créneaux d'avenir pour notre pays doit s'inscrire dans la grande mutation écologique annoncée. Les risques inhérents à la croissance actuelle sont si grands pour l'humanité qu'elle va devoir convertir, même si cela prend vingt à trente ans, tous ses modes de production industrielle et agricole, les transports, l'habitat, la production d'énergie, les modes de vie, ainsi que le calcul économique qui ne prend en compte que les flux et pas les stocks, pour passer d'une croissance prédatrice, qui nous met en péril, à une croissance écologique durable. Cela représente une gigantesque métamorphose et d'immenses gisements de croissance. Partout dans le monde, des investisseurs audacieux et clairvoyants l'ont compris et prennent les devants.

La France pourrait se fixer comme ambition d'être à la pointe de cette révolution technologique, économique et sociétale. Elle a les atouts pour cela.

Cependant, les réformes visant l'adaptation la plus dynamique et l'anticipation la plus créatrice ne nous dispenseront pas d'avoir à prendre aussi des mesures de protection plus efficaces, de mettre en place des politiques d'accompagnement et de solidarité forcément coûteuses, et, malgré les résistances de la nébuleuse financière qui prospère grâce à la déréglementation, d'instaurer enfin une vraie régulation financière. Sinon cette politique nouvelle se heurtera à la force d'inertie d'une majorité toujours sceptique de la population.

C. Deuxième volet : ne pas hésiter à nous protéger quand il le faut

Les libéraux et les économistes partisans de l'ouverture systématique récusent toute mesure de protection comme « protectionniste ».

À l'opposé, certains invoquent « la » protection comme une panacée. Ce sont deux erreurs dogmatiques. Certaines protections se justifient, d'autres sont inefficaces. En fait, aucun pays ne s'ouvre *complètement*. Les États-Unis eux-mêmes se protègent à certains moments, pendant un certain temps, d'une façon ou d'une autre, de certains aspects déstabilisants de la mondialisation (comme ils l'ont fait, par exemple contre les exploitants de bois canadiens contre le port de Dubaï, comme ils augmentent leurs subventions agricoles ou protègent leurs secteurs stratégiques). Si l'on veut que l'opinion se retrouve dans la nouvelle politique française offensive dans la mondialisation, il faut absolument que la légitimité de certaines protections soit clairement admise et revendiquée, et non pas seulement tolérée avec gêne et pratiquée en catimini.

Lesquelles ?

1 – D'abord des protections contre les pratiques commerciales ou capitalistes déloyales, les ententes, les cartels, l'absence de transparence financière ou sur les action-

naires, l'impossibilité de la réciprocité, le non-respect des engagements, etc.

L'accord de principe est aisé à ce propos puisque les libéraux eux-mêmes l'acceptent, même s'ils n'ont guère été exigeants, ces dernières années, sur la transparence de la financiarisation, et si l'Europe ne l'a pas été sur la réciprocité. Ces pratiques peuvent donner lieu de la part des membres de l'OMC à des recours, des panels devant l'Organe de règlement des différends, comme vient de le faire Washington contre la Chine, pour non-respect de la propriété intellectuelle à propos de laquelle s'engage, à l'âge numérique qui en sape les fondements, une gigantesque bataille juridique et de redéfinition.

Un mouvement se dessine aussi contre les « fonds souverains » d'origine publique, russes, chinois, du Golfe, ou autres, au motif qu'étant de nature étatique les règles de transparence déjà très insuffisantes que doivent respecter les quelque 8 000 fonds spéculatifs – *hedgefunds* – qui gèrent environ 1 500 milliards de dollars, ou les *equityfunds*, ne s'appliquent pas à eux, et qu'ils ne paient pas leur capital. Or ces fonds souverains pourraient représenter 15 % du PIB mondial dans cinq ans. Sans craindre les accusations de protectionnisme, l'Allemagne a décidé de s'en protéger. Après avoir essayé sans succès, de par l'opposition américaine et britannique, d'obtenir du G7, en juin 2007, des engagements sur ce projet, elle va prendre des mesures nationales. Elle a aussi demandé à la Commission de se pencher sur ce problème et de faire des propositions aux Vingt-Sept. Cette démarche est devenue franco-allemande, mais la Commission renâcle.

Autre exemple : le respect des principes de l'économie de marché n'exclurait pas, dans le droit des OPA, une exigence de réciprocité (Mital/Arcelor ?). Aux États-Unis, quand la nationalité de l'acheteur est dûment identifiée, il n'y a pas de seuil obligatoire pour une OPA. L'État du Delaware s'est doté d'une législation très protectrice des actionnaires. Aux Pays-Bas, l'intérêt social de l'entreprise n'est pas défini seulement par les actionnaires, le conseil des salariés a du poids. En Allemagne, la pratique des « discussions de coin de table » permet à des concurrents de s'entendre. Ce même pays va créer des

« réserves de capitaux » allemands destinées à des entreprises menacées d'OPA hostiles.

Ce n'est pas parce que la nationalité des firmes globales est prétendument devenue difficile à déterminer (encore que celle des firmes américaines ou émergentes soit claire) que la bataille des capitalismes entre eux pour le contrôle du capital va cesser de faire rage. Il y a dans les pays étrangers beaucoup de mécanismes de protection des règles de l'économie de marché dont nous pouvons nous inspirer.

2 – La détermination et la protection de secteurs dits « stratégiques » ou de « souveraineté ».

Sans même parler de la Russie (où une liste assez large de secteurs stratégiques est en cours d'élaboration) ou de la Chine (clause de « sécurité nationale » dans la loi anti-monopole du 30 août 2007), beaucoup de pays libéraux et capitalistes ont établi ou trouvent justifiée une telle protection. En France, Louis Gallois a suggéré une *golden share* (action préférentielle pour l'État avec droit de veto) pour sécuriser EADS. Le commissaire Peter Mandelson ne l'a pas exclu au niveau européen, mais à condition qu'elle soit cogérée par la Commission et les États membres, tout en estimant qu'il sera « difficile de définir des secteurs stratégiques au sein de l'UE », point de vue que l'on peut contester. Aux États-Unis, le président peut s'opposer à une acquisition étrangère au nom de la « sécurité nationale », sans être tenu par une liste de référence, et c'est ce qui a été fait par exemple pour s'opposer à la tentative de rachat d'une compagnie pétrolière américaine par le chinois Cnooc.

Même les libéraux estiment qu'une *golden share* est justifiée dans le secteur de la défense. En revanche, pour tous les autres secteurs, ils se disent sûrs que des protections particulières sont presque inutiles si les règles de transparence et autres sont correctement respectées. La protection n'a d'ailleurs pas besoin d'être lourde, et le contrôle des États pourrait ne porter, selon eux, que sur la gestion des actifs, et même pas sur le capital lui-même. C'est une conception minimale. Au surplus, là où l'État garde (devrait garder) 5 à 10 % du capital d'une entreprise mise sur le marché, il peut l'utiliser pour bâtir des champions européens. La formule américaine – la possibilité de déclarer une activité « stratégique » sans être prisonnier d'une liste – est peut-être la meilleure. L'Europe pourrait s'en inspirer.

Pour éclairer une nouvelle politique industrielle française et européenne, il serait utile de faire l'histoire des décisions politiques en matière industrielle au cours des vingt dernières années : occasions manquées, gaspillage d'énergie à contretemps, mais aussi réussites et anticipations publiques intelligentes au-delà du court-termisme du marché, etc.

Ce débat sur les protections nationales ou européennes devrait pouvoir être mené sans tabou, ce qui n'a pas été le cas ces dernières années. Qu'il ne faille pas recourir à des protections à tout moment pour s'abriter sans avoir rien préparé est évident. Qu'un protectionnisme global, que d'ailleurs personne ne préconise, soit impraticable et contre-productif, est tout aussi évident. Néanmoins, au stade de la réflexion, rien ne devrait être interdit. Nous aurons intérêt à suivre de très près ce qui va se dire aux États-Unis à ce sujet pendant la campagne électorale en 2007-2008, non seulement dans le champ politique (voir le durcissement d'Hillary Clinton et des autres leaders démocrates américains contre « une mondialisation qui se fait à l'avantage d'une minorité »), mais aussi dans les milieux universitaires, académiques et économiques (voir les prises de position de Paul Samuelson et d'Alan Blinder). Le sujet devient discutable. Remède ou poison, tout est dans la dose.

D. Troisième volet de cette stratégie : la « régulation de la mondialisation »

Elle est devenue depuis quelques années le cri de ralliement des humanistes, des libéraux modérés, centristes, des sociaux-démocrates et autres partis de gauche, des syndicats, organisations multilatérales, etc. (Mais moins des patrons, car la catégorie des « patrons sociaux » n'a pas survécu à la financiarisation.) Avec des résultats mitigés, puisque la mondialisation est, à la base, une dérégulation, une déréglementation.

La financiarisation, l'« hypertrophie de la sphère financière », l'invention des produits dérivés et de la titrisation, la multiplication de milliers de fonds – *hedge*, *equity*, souverains – permettant des profits risqués mais faramineux, ont remodifié en profondeur, en à peine plus de dix ans, la globalisation économique et commerciale. Une croissance mondiale à 5 % et des fonds qui cherchent un profit à court terme d'au moins 15 %, des échanges sur les marchés de change *cent cinquante fois plus importants que les échanges commerciaux*, des actifs financiers qui représentent trois fois le PIB de la planète : si les mots de « cavalerie » et de « spéculation » ont jamais eu un sens, c'est aujourd'hui ! La crise financière de l'été 2007 aux États-Unis a mis en évidence le caractère illusoire de l'autosurveillance par les intermédiaires financiers et (*cf. Le Monde* du 30 août) un enchaînement où des établissements de crédits échappent à la loi bancaire, où des banques sont imprudentes, où des intermédiaires financiers ont mal informé, où des fonds spéculatifs manquent de transparence, où les agences de notation sous-estiment les risques, où les gendarmes des Bourses sont dépassés par une sophistication opacifiante, où les banques centrales pompiers et pyromanes...

Pour casser l'idée démoralisante que nous n'avons d'autre issue que de subir les à-coups de cette mondialisation ultralibérale financiarisée, pour que les peuples européens, ouverts et bien intentionnés, n'aient plus le sentiment d'être « les idiots du village global », des initiatives régulatrices plus visibles et plus efficaces sont indispensables en matière financière et autres. La crise des *subprime* et ses suites créent une opportunité. Dans un autre domaine, la portée de la convention sur la diversité culturelle, adoptée en 2003 par l'Unesco à l'initiative de la France contre l'avis des États-Unis (pas de veto à l'Unesco), n'est pas assez rappelée. La règle, les normes juridiques, le droit sont notre première protection.

Sur le plan idéologique, l'idée de « régulation » n'est soutenue ni par les États-Unis, ni par la Grande-Bretagne, ni par les vrais libéraux, ni par les forces financières qui ne veulent pas être bridées et estiment qu'il y a encore intérêt à déréglementer et à faire reculer le pouvoir des États. En revanche, la gauche en Europe et en Amérique latine, les sociaux-démocrates, la plupart des gouvernements européens, les syndicats, les Africains, les pays en développement pas encore émergents sont partisans de « la » régulation, même si son contenu est flou. Il est à noter aussi ces dernières années, dans divers milieux multilatéraux (Banque mondiale et autres), même aux États-Unis (évolution de Fukuyama), un certain retour à l'idée qu'on ne peut se passer des États.

S'agissant de la régulation, il faut distinguer les *enceintes* ou institutions multilatérales de régulation, publiques et privées, et les *politiques* de régulation.

Les *enceintes* :

– Les données de la réforme des Nations unies, périodiquement jugée « indispensable » et en pratique bloquée, sont connues. Ce serait sans aucun doute un progrès d'élargir le Conseil de sécurité à cinq ou six membres permanents nouveaux (Japon, Inde, Allemagne, un Latino-Américain, un Africain, un Arabe), de réactiver le Conseil de tutelle pour s'occuper des États faillis, de faire du conseil Ecosoc réévalué l'instance supérieure d'harmonisation des politiques et de mise en cohérence des normes potentiellement contradictoires des diverses organisations de régulation (OMC, OIT, FAO, Banque mondiale, FMI...). À moins que cela ne soit fait par un organisme informel créé par addition du Conseil de sécurité, des nouveaux membres permanents possibles, du G8 et de quelques autres émergents, ce qui conduirait à un G13+.

Le « Cercle des économistes » a préconisé un L (G) 20, sorte de G13 élargi aux directeurs du FMI, de la Banque mondiale, de la Banque des règlements internationaux, de l'Organisation mondiale du commerce, ainsi qu'aux représentants du Conseil des gouverneurs des banques centrales, et qui aurait pour mission : 1) de réformer le FMI, la Banque mondiale, la BRI, l'OMC, 2) de créer l'OME, 3) d'élaborer un socle de règles communes minimales sur le droit des entreprises, la concurrence, la propriété intellectuelle, le contrôle des capitaux, la coordination des politiques monétaires et de change. Mais de telles réformes nécessitent soit l'accord des cinq membres permanents et des deux tiers de l'Assemblée générale, soit celui des membres actuels du G8. Plusieurs membres permanents bloquent pour préserver leurs positions fixées en 1945.

Étant donné l'importance croissante de cet enjeu, cette nouvelle mission de synthèse et de coordination de l'Ecosoc pourrait être préparée par une « Commission mondiale pour le développement durable ». Comment sortir de l'impasse actuelle ? Si une majorité d'États membres favorables à une réforme ambitieuse du système des Nations unies se constituait, le blocage par certains membres permanents s'avérerait pour eux, à la longue, de plus en plus coûteux dans l'opinion mondiale.

Il faut donc concevoir ce plan, bâtir cette majorité, exercer cette pression.

– Les difficultés que rencontrent les membres de l'OMC à aboutir dans le cycle de la négociation dit de Doha tiennent moins au statut de l'organisation qu'aux évidentes contradictions d'intérêts entre les divers groupes de pays. Peut-être cependant pourrait-on accroître le pouvoir de proposition et d'impulsion du directeur général ? Le droit de veto de chaque État membre est un facteur de blocage, mais on voit mal ce qui les y ferait renoncer.

– L'OIT, la FAO, l'OMS, l'Unesco connaissent tous plus ou moins des problèmes de légitimité, de fonctionnement, de moyens. La FAO est « au bord du gouffre », selon un rapport récent. En fait, c'est tout le système des Nations unies de 1945 qui est usé.

– Le FMI doit relever les défis d'une incertitude sur ses missions – moins de pays ont besoin de lui –, de la revendication d'une place accrue de la part des émergents, d'un début de contestation sur la nomination coutumière d'un Européen comme directeur général (contre un Américain à la Banque mondiale). Dominique Strauss-Kahn avait fait des propositions de réforme dès 1998.

– La Banque mondiale a un problème de rôle. Doit-elle prêter pour faire des profits ou aider ? Mais elle ne distribue que 7 % de l'aide au développement dans le monde. Et un problème de crédibilité : sait-elle ce qui est bon pour le développement ?

Toutes les institutions multilatérales sont utiles, mais ont des pouvoirs limités qui ne justifient pas les attentes exagérées que l'on place en elles. Par exemple, l'opinion attend trop de la Cour pénale internationale. Un jour ou l'autre, elle se retournera et reprochera à la CPI de ne pas avoir atteint des objectifs inatteignables. En fait, le système multilatéral souffre, en dehors des problèmes de moyens et d'organisation, d'un contresens. Il a été présenté dans un esprit « moderne » après la Seconde Guerre mondiale comme une sorte de *substitut* aux États-nations égoïstes et périmés. Alors qu'en réalité il est le *cadre* au sein duquel les États-nations coopèrent plutôt que de s'affronter. On abuse du terme « global » ; les problèmes sont globaux, donc la solution serait *globale*, ce qui est compris comme : un État seul ne peut rien faire. Cette conception déresponsabilise les États et décourage la démocratie.

Mais cela ne veut rien dire : il n'y pas de gouvernement global, ni de gouvernance globale du peuple global mondial. C'est toujours de 192 États qu'il s'agit. Heureusement, d'ailleurs ! Ce qui n'empêche pas un secrétaire général d'organisation ou un directeur général d'avoir, de par une charte ou par délégation des États membres, une mission précise.

Pour renouveler le multilatéralisme, la mission de ces institutions ainsi que le mandat de ses dirigeants doivent aussi être clarifiés. Il faut d'une façon ou d'une autre exercer sur eux un contrôle démocratique. En fait, il faut combiner les deux formes de multilatéralisme que distingue Kemal Dervis : la gouvernance coopérative circonstancielle et ciblée entre États souverains, et la gouvernance partagée au sein d'institutions internationales clairement mandatées et relégitimées.

La création d'une Organisation des Nations unies pour l'environnement, ONUE ou OME, par exemple, proposée par la France, sera un progrès si ses tâches – lutter contre le réchauffement climatique et en réduire les effets néfastes ; remplacer les molécules chimiques dangereuses pour la santé humaine par de nouvelles, moins dangereuses ; enrayer le recul de la biodiversité ; prévenir la pénurie d'eau potable, etc. – sont clairement définies et si la répartition des rôles entre les gouvernements, les divers fonds, programmes (PNUE et autres) et secrétariats spécialisés, les entreprises et les ONG, est clarifiée par la création de cette organisation.

Les *politiques*

Il faut donc ne plus penser au multilatéralisme comme à une panacée, un *substitut* à la volonté et à la responsabilité de chaque gouvernement, mais agir, à l'intérieur du système multilatéral, ou dans le cadre de négociations intergouvernementales ad hoc.

Pour augmenter nos chances d'atteindre nos objectifs de régulation dans les négociations multilatérales, il nous faut donc :

– clarifier nos objectifs ;

– savoir quelles concessions nous sommes prêts à faire ;

– rechercher des points de convergence

avec les États-Unis (nous préparer pour la nouvelle administration américaine) en nous appuyant sur l'évolution de l'opinion américaine (exemple : les États et les villes sur le climat) ;

– rechercher méthodiquement les domaines où les émergents réalisent qu'ils ont aussi intérêt à la régulation. Hâter cette prise de conscience. Aujourd'hui ils vendent, achètent et investissent dans le même monde global que nous, sans respecter encore les mêmes règles en matière de change, d'énergie, de propriété intellectuelle, de social, d'environnement, de subventions publiques... Et bientôt 500 groupes industriels des pays émergents auront un chiffre d'affaires de plus d'un milliard de dollars par an.

Nous avons donc besoin – France et Union européenne – d'une politique claire et forte vis-à-vis de ces pays : Bric (Brésil, Russie, Inde, Chine), mais aussi Mexique, Afrique du Sud, Indonésie, Vietnam, Thaïlande, un jour Iran, d'autres encore. Une politique qui soit à la fois globale, au niveau multilatéral, une politique qui peut concerner ces pays en général ou chacun d'eux ; et une politique nationale.

À ces trois niveaux, France, Union européenne, global, notre politique doit intégrer nos réactions à leurs initiatives (raids de fonds souverains, prises de participations industrielles, envois d'étudiants, divers) ; nos initiatives envers eux (exigence de règles aux fonds souverains, protections financières, protections migratoires, recherche d'étudiants, investissements et prises de contrôle chez eux, exportations, recherche de grands contrats) ; nos réactions à leurs réactions (par exemple : perte de grands contrats et mesures de protection si on bloque leurs fonds souverains) ; sujets débattus dans les enceintes multilatérales : comme la réforme de l'ONU, les négociations OMC, notamment sur la propriété industrielle, la réforme du FMI, la réforme de la Banque mondiale, l'élargissement du G8, l'environnement – le climat, les pesticides –, etc.

Plus encore que les questions de sécurité, la redéfinition de nos rapports avec les émergents va être la grande affaire des prochaines décennies. Nous avons absolument besoin que l'Union européenne ne raisonne pas que comme une puissance commerciale, mais bâtisse avec ces pays des rapports de forces globaux et intelligents, garants d'une bonne coopération. Ce qui ne nous dispense pas, au contraire, de définir une politique française à l'égard de la Chine et des autres puissances émergentes. Tout ce qui a été écrit dans le rapport Gaymard est juste et devrait être mis en œuvre.

Pourrons-nous contraindre les pays émergents :

> 1) à respecter les exigences capitalistes les plus récentes de transparence et de réciprocité systématique ?
>
> 2) à élever leurs propres normes sociales le plus vite possible, pour réduire l'écart et le choc avec les classes moyennes occidentales ?
>
> 3) à respecter des normes environnementales élevées ?

Les premières exigences, celles de transparence et de réciprocité, sont peut-être historiquement injustes (nous avons longtemps profité de leur absence), mais elles sont légitimes aux yeux des opinions occidentales. Elles supposent que les Européens et les Américains soient sur la même ligne.

La troisième est primordiale, y compris pour les pays émergents. Ce n'est pas parce que les Occidentaux ont pollué massivement depuis les débuts de la révolution industrielle (CO_2, rejets chimiques et, plus récemment, pesticides) que les émergents peuvent en faire autant pendant aussi longtemps, au risque de mettre en péril la vie dans la biosphère, y compris la leur ! Ils ne sont pas sur une autre planète.

En revanche, sur le second point – les normes *sociales* –, même si c'est ce qui choque le plus les opinions occidentales amnésiques qui ont oublié Zola, Dickens ou Steinbeck, les pays riches n'arriveront pas à imposer, ni par générosité, ni par cynisme, aux pays émergents de respecter leurs normes sociales actuelles. Celles-ci monteront régulièrement, à leur rythme, sous la pression des forces sociales internes, des scandales, des manifestations, de l'information (exemple : scandale des mines en Chine). Mais cela sera long, car l'armée de réserve des travailleurs chinois pauvres est immense.

Une régulation de la mondialisation est dans notre intérêt. Mais nous ne pouvons l'imposer. Nous devons inlassablement rechercher des alliés, organisation après organisation, d'abord en Europe, puis ailleurs, pour constituer des majorités changeantes, domaine par domaine, y compris chez les émergents. C'est l'esprit même du multilatéralisme.

E. Quatrième volet : la solidarité

Toutes ces politiques sont indispensables. Mais une meilleure adaptation, des protections plus efficaces, une régulation offensive ne nous protégeront pas de certains chocs ponctuels, du fait de la dissymétrie des coûts salariaux et autres, qui peuvent se transformer en drames dans certains bassins d'emplois si la seule activité est délocalisée (exemple : vallée de montagne, département excentré ou désindustrialisé), ou quand des industries entières sont condamnées par la concurrence (le textile chinois contre le textile en Europe ?).

L'objectif à terme, la « régulation » idéale, est bien sûr que tous les pays du monde respectent les mêmes règles et des conditions de concurrence égales. Mais ce ne sera pas avant très longtemps, si cela arrive jamais. Or chaque drame social de ce type frappe plus l'opinion que les nombreuses statistiques sur les créations d'emplois grâce aux exportations.

Face à ces chocs qui peuvent dévaster une région, une profession, une classe d'âge, il est impossible, aux responsables politiques, de gauche comme de droite, de s'en tenir à la vulgate néolibérale des dernières années : adaptons-nous, améliorons la formation, montons en gamme, créons des emplois, etc. Tout cela doit être fait, mais n'est d'aucun secours immédiat pour les victimes directes du choc. C'est pour cela qu'en sus des autres volets de cette nouvelle stratégie il faut des politiques de solidarité et de cohésion sociale.

À cet égard, tout dépend de ce qu'un pays donné est prêt à consacrer à ses dépenses de protection sociale, de la façon dont les richesses sont prélevées et redistribuées. Ce débat libéral/social traverse l'Europe depuis deux décennies et va se poursuivre jusqu'à ce qu'une synthèse équilibrée soit trouvée. Après vient la gestion de cette protection sociale : que faut-il réformer et que faut-il préserver ? Comment combiner flexibilité (pour les entreprises) et sécurité des parcours professionnels (pour les salariés), afin de réaliser la fameuse *flex-sécurité* ? À quel niveau fixer le revenu minimum social par famille, et doit-il être conditionné à la volonté de réinsertion ? Etc. Pour rendre leurs politiques sociales plus inventives et plus adaptées, plus efficaces, les Européens, dans ce domaine comme en bien d'autres, feraient bien de s'inspirer systématiquement les uns des autres.

Mais il faut aussi absolument des politiques de solidarité ciblées au bénéfice des *victimes directes* de la mondialisation aux niveaux européen, national ou régional, plus généreuses, plus volontaristes, plus rapides. Elles nécessitent en amont l'identification la plus précoce possible des chocs et des risques pour l'emploi, le recours précoce aux protections possibles, l'incitation à la création de nouveaux emplois par des PME, mais, pour commencer, le financement de la reconversion de ces victimes directes de la globalisation.

On ne peut pas figer longtemps des emplois condamnés, mais on doit aider les salariés à s'adapter en garantissant leurs droits – retraite, assurance-chômage – et leurs acquis professionnels lors d'un changement d'emploi.

Nous aurons durablement besoin de tels mécanismes d'accompagnement.

Les prochaines campagnes électorales, en Europe et aux États-Unis, vont maintenir ce débat au premier plan. Les démocrates américains (Hillary Clinton, Nancy Pelosi) mettent l'accent sur la « sécurité économique », ce que la gauche en Europe recherche sous le nom de sécurisation des parcours professionnels face à la mondialisation. Le but est que « changer d'emploi » se substitue à « perdre son emploi », y compris pour les catégories sociales aujourd'hui les plus mal préparées.

F. Enfin, cinquième volet : récapitulation de ce qui devrait être fait au niveau de l'Union européenne

La politique nationale doit trouver son prolongement et des points d'appui au niveau européen pour chacun de ces volets. Libérée de l'hypothèque institutionnelle et du mirage constitutionnel qui l'ont absorbée pendant quinze ans par l'accord sur le traité simplifié et sa ratification probable, l'Union devrait pouvoir, dans les prochaines années, mettre toute son énergie dans la définition d'une posture européenne beaucoup plus volontaire dans la mondialisation. Les Européens et la Commission ont eu en effet, ces vingt dernières années, une attitude trop ingénue. Ils ont trop cru qu'ils vivaient déjà dans une « communauté internationale » consensuelle et post-tragique, que le « doux commerce » allait dissoudre tous les conflits et nos normes étendre notre système. Ce n'est pas le cas.

L'Union ne peut plus croire que ses valeurs, ses idéaux et ses normes sont suffisants et naturellement contagieux. La France doit absolument la rendre plus réaliste, pour qu'elle réalise ce que vont être la géopolitique en formation, le choc démographique, l'émergence de nouvelles puissances, la compétition énergétique, les tensions écologiques et les risques de clash des civilisations, et en tire toutes les conséquences. Qu'elle bâtisse une autonomie dans une alliance refondée avec les États-Unis et un rapport de forces intelligent avec les nouvelles puissances émergentes. Mais il faut savoir que nous convaincrons d'autant plus nos partenaires que nous aurons réussi à nous réformer nous-mêmes.

En tout cas, au-delà de la Politique agricole commune et de la Politique commerciale extérieure, qui existent déjà, nous devons faire de l'Union européenne le niveau d'action le plus efficace dans la mondialisation, le pôle de puissance régulateur par excellence.

1 – En ce qui concerne l'effort d'adaptation et de réforme sous l'impulsion de l'Union, le résultat n'est pas jusqu'ici probant. La « stratégie » de Lisbonne en 2000 n'en était pas une. Schématiquement

modernisatrice, vague et générale, adoptée sans réel engagement des gouvernements ni préparation des opinions, et sans que les implications économiques et sociales et en politique intérieure aient été mesurées, elle n'a pas atteint ses objectifs. Le rapport Kok, à mi-parcours, ne l'avait pas caché.

De toute façon, l'Union – Commission ou Conseil – ne peut pas dire uniquement aux Européens : vous devez vous adapter. Elle doit les mobiliser d'une façon plus convaincante, montrer les bénéfices de l'adaptation, mais aussi les protéger et les accompagner. D'autant que la Commission n'a pas la légitimité démocratique des gouvernements, déjà eux-mêmes très contestés pour faire accepter des réformes difficiles.

2 – En ce qui concerne les protections, en revanche, l'Union devrait jouer un rôle plus important. Elle doit pour cela :

• en accepter le principe ;

• faire de la réciprocité un principe même (par exemple en ce qui concerne les prises de contrôles industrielles) ;

• élaborer à son niveau, comme l'Allemagne et la France le demandent, des règles communes face aux fonds souverains (tout en se préparant aux réactions des pays concernés) et lancer une vraie offensive pour imposer une vraie transparence à l'ensemble des fonds spéculatifs ;

• rechercher, dans les négociations commerciales à l'OMC, plus de délais et d'étapes, une ouverture plus graduelle, des « écluses » laissant aux salariés européens plus de temps pour se préparer. Ne pas exclure, que Doha aboutisse ou non, de nouveaux accords bilatéraux ;

• cesser d'étouffer sous les cris d'indignation toute réflexion sur le « patriotisme européen », sur la « souveraineté européenne » (Hakim El-Karaoui), voire sur le protectionnisme proprement dit : contingentements, taxes, normes. Ces politiques sont peut-être impraticables, mais tout débat mérite d'être mené, sans provocation.

En ce qui concerne la solidarité, le Fonds européen d'ajustement à la mondialisation, qui vient d'être créé (mieux vaut tard que jamais), devrait certes n'intervenir que sur la base de critères clairs, mais être doté de moyens importants et être capable d'intervenir vite.

Au total, l'Union européenne est évidemment le niveau préférentiel où les vingt-sept États membres doivent élaborer, avec la Commission, une contre-offensive ambitieuse dans la mondialisation fondée notamment sur :

– une politique offensive de propagation de ses standards au sein de l'OMC (réciprocité, propriété intellectuelle, normes sanitaires exigeantes (codex alimentaires), normes environnementales, etc.) ;

– un recours beaucoup plus fréquent à l'ORD de l'OMC ;

– des offensives régulatrices plus ambitieuses en matière d'environnement, par exemple en proposant d'étendre aux pays émergents la directive Reach sur l'évaluation des molécules chimiques dangereuses et des pesticides, et leur substitution ;

– la valorisation du potentiel agroalimentaire européen sur la base d'une nouvelle PAEC (Politique agricole écologique commune) ;

– une nouvelle politique industrielle.

S'affranchissant d'un tabou qui interdisait une telle politique, alors que les États-Unis, de facto, en ont une, Jean-Pierre Jouyet et Günter Verhaugen ont proposé un plan d'ensemble : pôles de compétitivité, promotion de nouvelles technologies énergétiques et environnementales, initiatives en matière de médicaments, d'aéronautique, de spatial, de biotechnologies, etc. Tout cela devant conduire, chaque fois que cela sera possible, sans avoir peur des mots, à des « champions » européens, même s'il est clair que les grandes entreprises raisonnent global plutôt qu'européen. Tout cela suppose un changement de logiciel de la Commission. Dans ce but, et d'autres, peut-être les fonctionnaires européens pourraient-ils avoir à effectuer une certaine « mobilité » dans une administration nationale ? ;

– même si cela paraît irréalisable, une « compensation » entre les secteurs qui bénéficient de la parité de l'euro, et les autres ;

– une politique européenne commune de l'énergie, comme l'a proposé l'Allemagne, à concevoir entre les Vingt-Sept, et peut être conduite par une « Haute Autorité » ;

– une définition en commun par les États européens de leurs priorités en matière de recherche et de développement technologique ;

– un programme écologique transversal avec des critères écologie/agriculture, écologie/industrie, écologie/transport, écologie/BTP, etc., et des calendriers ;

– un programme d'échanges Confucius avec la Chine sur le modèle Erasmus (proposition de Jean-Pierre Raffarin) ;

– en matière de défense, des programmations communes pour les nouveaux armements, et de nouvelles entreprises intégrées.

Il est maintenant établi que dans l'Union à vingt-sept, le couple franco-allemand demeure irremplaçable, mais n'est plus suffisant. Il y a entre la France et l'Allemagne des sujets de convergence et de divergence. En revanche, sur l'attitude à adopter face à la mondialisation, il n'y a pas en réalité, aujourd'hui, de contradiction fondamentale (sauf sur l'énergie nucléaire). Cela devrait permettre une convergence franco-allemande et des positions communes sur cette question centrale, en commençant par des propositions conjointes en vue d'une vraie régulation financière afin que les investisseurs à long terme puissent reprendre la main.

CONCLUSION DE LA PREMIÈRE PARTIE

Faut-il donc que nous changions de posture ? Oui, sans aucun doute. Nous avons intérêt à passer d'une méfiance stérile *face* à la mondialisation à un dynamisme offensif *dans* la mondialisation. Nous n'y parviendrons qu'en assumant et associant dans une combinaison convaincante et une action de longue haleine tous les volets d'une politique ambitieuse de la mondialisation présentée comme telle.

Des pays comme le Danemark ont organisé autour de ce même objectif une mobilisation générale. Pourquoi pas un jour, après avoir préparé les esprits, un « Grenelle de la mondialisation » ?

En dernier ressort, c'est une question politique. Les politiques intérieure, économique et sociale, et la politique étrangère doivent être cohérentes avec nos ambitions dans la mondialisation et contribuer à ce retour à la confiance, sinon il n'aura pas lieu. La plupart de ces initiatives supposeront un accord et une synergie avec nos principaux partenaires européens. Mais il faut que la France affirme sa posture et défende ses intérêts.

II

Faut-il changer de posture dans notre politique étrangère et de défense ?

1 – Consensus ou divergences ?

L'interrogation sur notre position dans le monde globalisé porte aussi sur notre politique étrangère, d'autant plus que les changements spectaculaires intervenus depuis vingt ans dans la géopolitique du monde alimentent une contestation sourde contre cette politique, qui serait « dépassée » sans que soit clairement précisé ce qui, au juste, est « dépassé ». Il est donc important d'analyser sa nature, les motivations des propositions visant sa modernisation, et de les évaluer.

En premier lieu, l'affirmation fréquente selon laquelle il règne en France un large consensus sur la politique étrangère n'est plus que superficiellement vraie, même si l'habitude perdure de répéter qu'il y a consensus. L'absence de désaccord frontal droite/gauche dans ces domaines semble accréditer cette thèse : on serait bien en peine de caractériser globalement « la » politique étrangère de la droite ou « la » politique étrangère de la gauche, tant le débat idéalisme/réalisme, la détermination des parts respectives de la défense des intérêts économiques ou de sécurité et des droits de l'homme dans notre politique étrangère passe à l'intérieur de chaque formation politique comme de chaque gouvernement de gauche ou de droite. À chaque question clé – jusqu'où faut-il intégrer l'Europe ? Jusqu'où faut-il élargir l'Europe ? Faut-il continuer à avoir une politique arabe, ou africaine, et laquelle ? Faut-il, ou non, prendre des initiatives pour la paix au Proche-Orient ? Faut-il une autre politique méditerranéenne et en quoi consisterait-elle ? Peut-on être les alliés des États-Unis sans être obligés de s'aligner sur eux ? Peut-on mieux les influencer ? Peut-on bâtir un rapport de forces avec les pays émergents ? Faut-il forcer les pays non démocratiques à se démocratiser ? Sans oublier toutes les crises aiguës... – les réponses sont variées et contradictoires tant au sein de la gauche que de la droite, on en a eu des preuves multiples ces dernières années.

Qu'ont à l'esprit ceux qui militent pour une remise en cause du positionnement diplomatique de la France ? On pourrait penser que cela ne va pas jusqu'à contester le vrai fil conducteur de la politique étrangère de la Ve République, qui est précisément que *la France doit avoir sa propre politique.* Et pourtant, deux courants de pensée distincts ont œuvré ces dernières années dans le sens de cette révision, et l'un des deux garde toute son ambition. Ils se sont nourris contre la politique étrangère de la France de déconvenues inévitables, de maladresses ponctuelles montées en épingle, de tel ou tel geste, démarche ou silence contestables de tel président ou de tel ministre. Ils ont tous deux mis l'accent sur la nécessaire « modernisation » de la politique étrangère et de défense de la France (à cause des nouvelles menaces, des nouveaux acteurs, etc.). Mais ils voudraient obtenir plus encore sa réorientation en profondeur, voire sa normalisation. Il s'agit du courant européiste d'une part, du courant atlantiste/occidentaliste d'autre part.

Bien sûr, toute politique étrangère française comporte une très importante composante européenne, une composante atlantique, du fait de notre alliance avec les États-Unis, et une dimension spécifique. Mais cette politique ne sera pas du tout la même selon les proportions respectives de ces trois dimensions, et selon celle qui sera jugée prioritaire. Ce choix fondamental pour notre avenir mérite d'être explicité et débattu.

2 – L'OPTION FÉDÉRALISTE EUROPÉENNE

Le courant fédéraliste européen est le premier de ces courants.

Il se présente plutôt comme « intégrationniste ». C'est à son propos qu'est de plus en plus souvent employé le terme « européiste », pour le distinguer d'un courant beaucoup plus large, pro-européen, mais qui veut aller moins loin dans l'intégration. Les européistes ont longtemps prétendu être les seuls vrais « européens », taxant d'anti-Européens les non-intégrationnistes. Cette prétention n'a pas survécu aux référendums de 2005 et à leurs suites. Il y a plusieurs façons d'être « européen ».

Avec de bonnes raisons et de louables intentions, ce courant avait milité au lendemain de la Seconde Guerre mondiale pour le dépassement des États-nations, par définition archaïques, égoïstes et dangereux, leur politique étrangère y compris, comme les deux guerres mondiales étaient censées l'avoir montré, et pour la construction d'une

Europe très intégrée. Il a inspiré au moins deux générations d'élites, même s'il est toujours demeuré minoritaire dans le grand public.

Politiquement, le centre en a été longtemps l'incarnation. La droite française s'est ralliée à la construction européenne en espérant que naîtrait ainsi une « Europe puissance » sous leadership français. Désespéré sous de Gaulle, un peu plus à l'aise sous Pompidou, le courant intégrationniste a repris espoir sous Valéry Giscard d'Estaing (avec l'élection du Parlement européen au suffrage universel plus qu'avec l'institutionnalisation du Conseil européen), et surtout sous Mitterrand avec la relance de la construction européenne au Conseil européen de 1984, la nomination de Jacques Delors à la tête de la Commission et, jusqu'en 1995, avec cet extraordinaire leadership européen à trois, avec Helmut Kohl, qui a conçu Maastricht et a réussi à le faire ratifier. C'est dans ces années-là que la gauche, dans son immense majorité déjà proeuropéenne par antinationalisme, s'est mise à son tour à croire à l'« Europe puissance », et plus encore à une improbable « Europe sociale » qui réconcilierait ses divers objectifs. En même temps, enhardi par ces avancées et la perspective d'une monnaie unique dont il attendait un choc politiquement fédérateur, le courant fédéraliste redevenait très ambitieux.

La fuite en avant institutionnelle des années qui ont suivi Maastricht – traité d'Amsterdam, traité de Nice, Convention, traité « constitutionnel » – est la résultante de deux forces. D'une part, la volonté de presque tous les États membres, à commencer par l'Allemagne et la Grande-Bretagne, d'élargir aussi vite que possible, pour différentes raisons, l'Union européenne aux anciens membres du pacte de Varsovie libérés par la fin de l'URSS, ce qui nécessitait un nouveau traité ; d'autre part, la volonté des forces fédéralistes (Commission, Parlement européen, médias proches de la Commission, journalistes français, allemands et italiens, *think-tanks* spécialisés, milieux économiques) de donner à chaque fois aux nouvelles institutions un caractère plus intégré, y compris pour la politique étrangère, en attendant la « prochaine étape », carrément fédérale.

Ce retour en arrière est indispensable pour comprendre pourquoi, pour les tenants de cette thèse, pendant cette quinzaine d'années, ce qui concernait la politique étrangère et de défense française, sa définition, sa conduite, son adaptation, paraissait de moins en moins important. Puisque la diplomatie française était vouée à se fondre un jour dans une politique étrangère européenne commune (en oubliant au passage la distinction fondamentale entre « commune » et « unique »), puisque c'était souhaitable et inéluctable, pourquoi s'accrocher à des traditions ou à des zones d'influence dépassées (francophonie, Afrique, monde arabe, Nord-Sud) qui énervaient nos partenaires européens (supposés, eux, être des Européens parfaitement désintéressés) et agaçaient les Américains (ce qui fait le lien avec le courant occidentaliste abordé plus loin) ? Pourquoi, si ce n'est par goût de la gloire, maintenir ces voyages des ministres ou du président français, ces missions, ces initiatives, ces sommets franco-quelque chose, le siège français au Conseil de sécurité, l'obsession de la francophonie ? Alors que le sens de l'Histoire imposerait d'« européaniser » lentement mais sûrement notre politique étrangère...

Aucun parti, aucun leader (pas même Jacques Delors, plutôt réaliste, ou Valéry Giscard d'Estaing, parce que ancien président français), n'a *complètement* préconisé cette ligne. Mais elle a pesé très lourd sur le débat public de 1992 à 2005. Cette tendance, qui taxait de frilosité tout ce qui n'était pas elle, aurait mérité une interpellation critique et d'abord celle-ci : les peuples la soutenaient-elle ? En réponse aux réticences manifestes, la réponse classique : « Il faut faire plus de pédagogie » était un peu courte. Et, d'ailleurs, les autres pays européens renonçaient-ils ainsi à eux-mêmes (voir les zones d'influence de chaque État membre) ? Européaniser, n'est-ce pas en fait abandonner ? En quoi une Europe refuge de nations fatiguées d'elles-mêmes pourrait-elle être forte ?

Mais, plus que ces interrogations légitimes, c'est plutôt le désaveu brutal, en 2005, de deux peuples fondateurs, les Français et les Néerlandais, après les signes annonciateurs de Maastricht en 1992 (seulement 51 % de oui au traité) et de 2004 (57 % d'abstentions en moyenne aux élections européennes), qui a donné un coup d'arrêt à cette fuite en avant. Même si le traité simplifié est, comme c'est probable, ratifié, avec un haut-commissaire pour les Relations extérieures cumulant les fonctions actuelles de Javier Solana, « Monsieur PESC », et de Benita Ferrero-Waldner, commissaire européen pour les Relations extérieures – progrès bienvenu –, et que la France fait tout pour qu'il réussisse dans sa mission, il y aura, demain comme aujourd'hui, une politique étrangère française, et britannique, et allemande, etc. Nous n'allons pas nous en remettre à « l'Europe », contrairement à ce que d'aucuns annonçaient ou préconisaient, ni mettre sac à terre.

Pas d'échappatoire possible : nous allons devoir continuer à penser et à repenser notre politique étrangère pour nous-mêmes, et aussi pour peser de tout notre poids dans l'élaboration de la partie européenne commune des politiques étrangères des

Vingt-Sept, la politique étrangère de sécurité et de défense commune, et dans son renforcement auquel nous avons intérêt.

Cependant, on sent dans la France de 2007 une autre tentation beaucoup plus forte, à la fois ancienne et nouvelle, de remise en cause de la politique étrangère de la France : la tentation « occidentaliste ».

3 – L'OPTION ATLANTISTE/OCCIDENTALISTE

A – Depuis quelques années, une vision du monde « atlantiste » au sens de la droite française d'avant le gaullisme, devenue, avec la mondialisation et ses angoisses, « occidentaliste », est réapparue et s'est affirmée au fil de livres, de revues, d'articles, de colloques et de déclarations politiques. Il ne s'agit là pas de la politique normale d'amitié et de coopération avec les États-Unis, mais d'une réorientation en profondeur qui doit être examinée de près. Ce mouvement s'inscrit, tout en prétendant s'en démarquer, dans le schéma du clash des civilisations pronostiqué il y a quinze ans par Samuel Huntington. Huntington d'ailleurs injustement décrié : il ne préconisait pas, mais au contraire mettait en garde ! Les Occidentaux (environ un milliard) seraient confrontés à l'hostilité irrémédiable des cinq milliards et demi d'êtres humains non occidentaux, à commencer par les musulmans et les Chinois (qui pourraient se liguer – partie la moins convaincante des spéculations d'Huntington), sans oublier les Russes, les Indiens et tous ceux qui voudraient se venger des cinq siècles de domination occidentale. Menacés, les Occidentaux devraient se serrer les coudes.

De fait, les Occidentaux ont perdu le *monopole* de l'Histoire, si ce n'est leur influence, qui peut demeurer longtemps colossale. Cette thèse fait écho au « wilsonisme botté » des néoconservateurs américains élaboré bien avant le 11 septembre 2001 et dont on connaît les axiomes : il faut, contre la « realpolitik », remettre la « morale » au centre de la politique étrangère, être plus offensif contre les régimes non démocratiques, ce qui conduit presque fatalement à des interventions militaires avec ou sans accord au sein du Conseil de sécurité de l'ONU. Les néoconservateurs gardent plus d'adeptes qu'on ne le croit en Europe, y compris dans les élites françaises, même après le fiasco irakien. Ce fait a été masqué par la virulente et durable réprobation par l'opinion française de la politique étrangère de George W. Bush au Proche et au Moyen-Orient, mais il est patent.

Quels sont les axes des tenants de cette réorientation « occidentaliste » qui, le plus souvent, ne se présentent pas sous leurs vraies couleurs, à part quelques intellectuels isolés et provocateurs, mais sous le pavillon aimable de la « modernisation » (encore une !) de la politique étrangère ?

D'abord, le postulat des « valeurs communes » entre l'Europe et les États-Unis. Il peut y avoir des désaccords passagers avec George Bush (et encore, pas pour tous les membres de ce groupe de pensée), mais, au fond, nous serions avant tout des démocraties – le nouveau « monde libre » – assaillies par les terroristes et menacées par la Chine. La question de savoir si la politique américaine récente n'a pas précisément accru ces risques n'est même pas admise par les tenants de cette ligne. Il s'ensuit que nous ne devrions pas critiquer inutilement les États-Unis, ni nous démarquer d'eux « pour le plaisir de nous opposer à eux ». Selon un schéma bien connu, ne pas s'opposer à eux sans motif valable devient vite : ne pas s'opposer tout court. Tout un pan, tout un héritage de la politique étrangère française – ton, initiatives, méthodes, partenaires –, est ainsi frappé de suspicion, même dans les cas où la France a eu à l'évidence raison. Il est intéressant de constater que cette tentation est forte, comme pour l'européisme, parmi les élites – alors qu'elle ne l'est quasiment pas au sein de la population.

B – Dans sa logique, ce courant de pensée – fort à l'UMP et dans le monde industriel et de la défense, présent au PS, significatif dans les médias – estime que la position particulière de la France dans l'Otan est un « problème ». Jusqu'ici, les quatre premiers successeurs du général de Gaulle ont préservé l'essentiel de la décision que celui-ci avait été amené à prendre en 1966 à l'issue de huit années de négociations infructueuses avec les États-Unis : sortir la France de tout engagement militaire *automatique*, tout en restant, cela va de soi, dans l'Alliance. Si cette question n'a pas fait l'objet de débats publics ni pendant la campagne électorale, ni depuis l'élection du président Sarkozy, la tentation du retour dans l'Otan existe bel et bien.

Cette éventualité mérite un examen plus détaillé :

Quels sont les arguments le plus souvent invoqués à l'appui d'un « retour de la France dans l'Otan » ?

- Les militaires mettent en avant la commodité pratique, la cohérence de la formation et des méthodes de combat avec les autres armées alliées de l'Otan, l'« interopérabilité ». Ils n'ont d'ailleurs, à quelques personnalités près, jamais été très favorables aux décisions prises par le général de Gaulle et n'ont eu de cesse de demander aux responsables politiques l'autorisation de renouer des relations pratiques très étroites avec l'armée américaine et avec l'Otan, ce qu'ils ont obtenu. Ils espèrent une normalisation plus complète. Certains la justifient aussi par des raisons budgétaires (économies) et européennes (puisque, en réalité, les autres Européens ne veulent pas d'une Europe de la défense, inutile de rester à moitié dehors dans cette perspective).

• Pour une partie de l'UMP (voire du PS), la question est abordée de façon plus idéologique ou politique. Dans le monde global marqué par le terrorisme et l'émergence de grands pôles de pouvoir non occidentaux, la position singulière de la France dans l'Otan serait devenue une « anomalie ».

• Un dernier argument est avancé : la France verrait ainsi son influence s'accroître, au sein de l'ensemble atlantique, auprès des États-Unis et de leurs alliés, sur le plan diplomatico-militaire comme sur le plan des armements.

Les avantages seraient donc : meilleure cohérence « occidentale » idéologique, géopolitique et militaire, et influence accrue.

Le point de principe – la question de la cohérence occidentale – ne peut s'évaluer en termes d'avantages/inconvénients, puisque c'est un point de principe, presque de doctrine. Il se justifie si la France se pense avant tout comme un pays occidental avant d'être européen ou original, et que tout doit en découler. Sur le plan pratique, en revanche, on ne peut affirmer que quoi que ce soit dans la situation actuelle de la France par rapport à l'Otan la gêne, des arrangements concrets et satisfaisants ayant été trouvés sur chaque point. Des forces françaises participent ainsi à plusieurs opérations de l'Otan. Leur valeur militaire est reconnue. Des entreprises françaises réussissent à remporter les appels d'offres de l'Otan quand ils sont méthodiquement préparés.

L'argument de l'influence est le moins convaincant. La France serait – peut-être – considérée à nouveau par les autres alliés, européens et canadiens, comme un allié « normal » et cesserait – peut-être – de faire l'objet de procès d'intention. Sur les États-Unis, cela donnerait à la France une influence comparable à celle des autres alliés, c'est-à-dire quasi nulle. Ce n'est d'ailleurs pas nouveau : même l'immense Churchill n'avait pas réussi à influencer Roosevelt, par exemple sur le lieu et la date du débarquement ! A fortiori les dirigeants d'aujourd'hui. D'autant que les États-Unis n'accordent plus à l'Otan une place exclusive. Même après son départ, les conceptions de Rumsfeld selon lesquelles c'est « la mission qui détermine la coalition », au détriment des alliances permanentes, ont laissé des traces.

Il faut ensuite se demander quel serait le prix politique à payer pour un tel mouvement. Sur le plan interne, d'abord. Une partie de l'opinion, peut-être pas seulement à gauche, s'y opposerait, ou en tout cas n'en comprendrait pas la nécessité. À un moment où l'administration Bush sortante a rendu les États-Unis plus impopulaires que jamais dans le monde, quel serait l'intérêt de réveiller une telle polémique ? Cette question pourrait – peut-être – se présenter autrement après 2009.

Sur le plan international, un tel mouvement déclencherait l'enthousiasme des médias et des élus américains : oublié le général de Gaulle, la France est redevenue un allié sûr, elle va nous aider en Irak et ailleurs, etc. Satisfaction en Israël, pour les mêmes raisons. Satisfaction plus ambiguë en Grande-Bretagne : même si les Britanniques sont bien placés pour savoir que leur suivisme ne leur a donné pendant la période Blair aucune influence particulière sur les États-Unis (pas plus d'ailleurs que notre opposition), ils n'aimeraient pas devoir partager cette influence supposée avec l'autre allié militairement significatif. À peu près partout ailleurs, la France serait considérée comme réalignée sur les États-Unis, et traitée comme telle. Les autres puissances, établies ou émergentes, en prendraient froidement acte : même si c'était souvent illusoire d'espérer canaliser ou contrebalancer les États-Unis, ce ne serait plus la peine, en tout cas, d'essayer de le faire avec la France, et donc de la valoriser politiquement ni de l'avantager économiquement dans ce but.

Dans tous les autres pays qui ne sont pas des puissances, soit au moins 150, cela serait perçu comme la perte d'un point d'appui au sein de l'ONU ou de l'OMC, d'un avocat au sein du FMI, de la Banque mondiale ou du G8. Mais les simples pays, plus que les puissances, sont obligés d'être réalistes, et ils auront tôt fait de se trouver d'autres points d'appui.

Tout cela est à mettre en regard avec ce que la France y gagnerait éventuellement.

Un gouvernement qui envisagerait une telle décision pourrait juger nécessaire, vis-à-vis de son opinion, d'obtenir des contreparties, comme celle que le président Chirac avait demandées en 1995-1996 (le commandement sud pour un Français). Il serait utile, pour un tel gouvernement, d'étudier pourquoi cette tentative avait échoué avant même la dissolution et le changement de gouvernement intervenu au printemps 1997.

Toutefois, obtenir tel ou tel poste important, ce qui déjà ne va pas de soi ni de la part des Américains, ni de la part des autres alliés, ne serait pas suffisant. Seule la perspective d'une vraie réforme de l'Otan qui est, rappelons-le, depuis la guerre de Corée, il y a plus de cinquante ans, une organisation militaire intégrée dès le temps de paix comme elle le serait en temps de guerre, changerait cette donne. Pour la France, rejoindre une Otan réformée grâce à la bonne gestion de sa disponibilité pour un rapprochement aurait une tout autre allure et une tout autre signification que de « rentrer dans l'Otan ».

Que pourrait être une « Otan nouvelle » ?

• Une organisation qui irait plus loin dans la reconnaissance de l'autonomie du pilier européen de l'alliance que les arrangements actuels, ce qui suppose que les Européens se mettent au préalable d'accord sur ce qu'ils veulent obtenir, et sur les responsabilités qu'ils sont prêts à prendre ;

• une organisation qui accepterait en son sein le débat entre alliés (et non entre vassaux) sur les options stratégiques et tactiques, par exemple sur l'avenir de la dissuasion ou sur la combinaison défense/dissuasion ;

• une organisation dont tous les membres européens prendraient leur part des dépenses militaires ;

• une organisation qui clarifierait son aire géographique, son rôle et ses missions, devenus confus à force d'être constamment étendus. Depuis la fin de l'URSS, les États-Unis et divers lobbies d'autres pays influents à Washington ont poussé à l'élargissement de l'Otan pour achever de refouler la Russie, l'entourer d'un réseau de pays nouvellement alliés des Occidentaux, voire traiter de la menace terroriste et accroître l'influence américaine. Un peu comme dans le cas de l'Union européenne de 1989 à 2004, l'élargissement est devenu une fin en soi. Par ailleurs, des réactions américaines et occidentales et des engagements au cas par cas – ex-Yougoslavie, Afghanistan – semblent avoir fait de l'Otan – à l'origine *organisation militaire défensive de l'Atlantique Nord* – le bras armé de la sécurité occidentale tous azimuts. Cela est très lourd de conséquences sur la perception de l'Occident par « les autres » (*the rest*) et sur notre positionnement stratégique dans le monde des pôles émergents.

Qui en a débattu ? Qui en a décidé ? À l'origine, en 1948, la ratification du traité instaurant l'Alliance atlantique avait fait l'objet de débats intenses au sein des parlements nationaux, à commencer par le Sénat des États-Unis. Le changement de contexte mondial et de menaces, et la nécessité d'une réforme justifient amplement qu'un nouveau débat ait lieu aujourd'hui, dans les pays de l'alliance, sur le rôle et l'avenir de l'Otan. Les États à la fois membres de l'Union européenne et de l'Otan pourraient y réfléchir ensemble afin d'être en mesure de faire des propositions à la nouvelle administration américaine en 2009. Voire avant, éventuellement, au sommet de l'Otan du printemps 2008, si, du fait de son affaiblissement, l'administration Bush était prête à certains mouvements.

C – L'autre grande question stratégique qui peut être abordée de façon « occidentale », européenne, ou plus indépendante, est celle du projet américain de bouclier, c'est-à-dire de l'avenir de la dissuasion et des rôles respectifs des systèmes défensifs et dissuasifs. Théoriquement, des boucliers affaiblissent la crédibilité de la dissuasion, et c'est pour cela qu'il y a eu, de 1972 à 2001, un traité ABM. Mais il y a le risque de tirs accidentels (?), de régimes non sensibles à la menace de représailles (?), de menaces émanant d'entités non territoriales non menaçables en retour faute de domicile fixe (?), qui tous obsèdent l'Occident (et un certain nombre d'autres pays) depuis... qu'il a vaincu l'URSS. Le vainqueur est inquiet. Et surtout, comme l'a toujours expliqué Z. Brzezinski, les États-Unis veulent être assurés de plus de sécurité que tous les autres, et disposer à la fois de tous les systèmes défensifs, offensifs et dissuasifs.

La question stratégique est : faut-il des systèmes défensifs en plus de la force de dissuasion ? La question politique est : s'ils sont nécessaires, acceptables ou inévitables, avec qui ? Devons-nous seulement prendre acte du projet américain ? Demander qu'il devienne américano-européen, c'est-à-dire otanien, avec participation des Européens à la conception, à la réalisation, au fonctionnement ? Les Européens, surtout ceux qui n'ont pas de dissuasion, doivent-ils se doter de leur propre bouclier, couplé ou non à celui des États-Unis ? Faut-il associer à l'un de ces projets la Russie ? Voire proposer à l'ensemble des puissances un système défensif global, une assurance mondiale antirisques ? On voit que cela aussi dépend de l'idée que nous nous faisons du monde, des menaces et de nous. Mais faut-il se lancer dans tout cela uniquement pour intercepter les éventuels missiles d'un régime iranien supposé avide de suicide et qui, de plus, aura sans doute changé avant la mise en fonction de tout bouclier ? Aucune réponse n'est évidente à ce stade. Beau sujet pour le futur livre blanc de la défense et la future loi de programmation militaire pour les années 2009 à 2013, que devraient éclairer un débat français, un débat au sein de l'Union européenne et un autre au sein de l'Otan.

D – La priorité « atlantiste » donnée à la défense des intérêts de l'Occident pris comme un tout aurait d'autres traductions : l'acceptation peu ou prou de la priorité donnée à la guerre contre « le » terrorisme, telle que l'a définie de façon réductrice l'administration Bush, avec tout ce que cela entraîne ; la reconnaissance du leadership américain dans la fixation de la ligne à suivre avec la Chine, avec la Russie (adversaire, concurrent, partenaire, terre de mission ?), ou encore au Proche ou au Moyen-Orient où la France ne prendrait plus alors d'initiatives isolées, en tout cas sur les sujets centraux (Israël/Palestine, Irak, Iran) ; la France se concentrerait sur des théâtres sensibles mais stratégiquement secondaires où elle peut être utile, tel le Liban, elle profiterait des efforts de Mme Rice pour limiter l'ampleur du fiasco diplomatique de l'administration Bush, et attendrait une redéfinition plus large (mais pas totale) de la politique étrangère américaine à partir de janvier 2009.

Même remarque en ce qui concerne la réforme des institutions multilatérales, pour laquelle la France milite, mais qui n'est pas vraiment acceptée par les États-Unis, comme à propos du dosage toujours changeant entre la gestion réaliste des intérêts occidentaux (économie, énergie, sécurité, migrations, pandémies) et la diplomatie « transformationnelle », composante fondamentale de la politique étrangère américaine depuis le président Wilson, mais moins flambante aujourd'hui après l'Irak.

L'attirance exercée par cette approche a survécu au fiasco américain en Irak parmi certaines élites françaises de droite et à gauche. Au nom du rejet de la realpolitik, de la remise des droits de l'homme et de la morale au centre de la politique étrangère, de la lutte contre les tyrans, de l'ingérence nécessaire pour faire progresser la démocratie, voire du rejet de l'« anti-américanisme primaire », certains continuent à ne pas contester le principe de l'intervention américaine, rappellent que ses objectifs étaient honorables, présentent ses contempteurs comme des partisans de Saddam Hussein et imputent l'échec de ces interventions à des questions de moyens, d'organisation, voire, comble du cynisme tranquille, aux Irakiens, incapables de se montrer à la hauteur de la générosité américaine (!).

En réalité, l'intervention américaine était militairement assurée du succès, mais politiquement vouée à l'échec du fait du sophisme qui voulait que le problème palestinien soit surfait et que ce soient les pays arabes qu'il fallait changer d'abord de gré ou de force (théorie néoconservatrice et du Likoud), combiné à la croyance simpliste selon laquelle la démocratie pourrait être imposée de l'extérieur, comme en Allemagne et au Japon en 1945, et servirait d'exemple contagieux et de modèle (théorie néoconservatrice partagée par un certain nombre de démocrates américains en opposition aux républicains réalistes classiques de l'administration de Bush père ou aux démocrates centristes comme Clinton). C'est cette dernière croyance qui explique l'extraordinaire vacuité de la politique américaine en Irak après la victoire sur Saddam Hussein.

Des éléments de cette pensée restent présents et d'autres apprentis sorciers brûlent de tenter à leur tour de nouvelles expériences : l'« irrealpolitik » occidentale peut encore faire des ravages. Sous ces réserves, que la France redevienne présente en Irak et, jusqu'à un certain point, disponible, n'est pas critiquable, au contraire.

À noter cependant que, même érigée en priorité en matière sécuritaire et diplomatique, l'approche « occidentaliste » ne ferait pas disparaître la compétition entre entreprises globales américaines et françaises – en dépit du discours selon lequel les grandes entreprises n'ont plus de nationalités –, ni les désaccords sur certains sujets « globaux » comme la lutte contre le réchauffement du climat, voire sur telle ou telle initiative ponctuelle, ni les divergences sur la régulation de la mondialisation financière. L'approche

« occidentaliste » repose sur des arguments frappants et des sentiments forts. La prise de conscience du poids démographique relatif, faible et décroissant, des Occidentaux, la rapidité de l'émergence de pôles non occidentaux concurrents, l'angoisse « du » terrorisme qui résonne sans fin dans la bulle médiatique mondiale et, par ailleurs, l'inefficacité décourageante des politiques d'opposition aux États-Unis peuvent pousser dans ce sens.

Il est clair que cette réorientation fondamentale n'est pas demandée par l'opinion française. Elle poserait d'immenses problèmes et comporterait des risques. Mais, puisqu'elle est souhaitée par une partie des élites économiques, politiques et intellectuelles, ce débat devrait être mené dans la clarté. Tout comme celui sur la création d'une éventuelle zone de libre-échange euro-américaine.

4 – La politique étrangère française repensée

La France n'a donc pas moins besoin aujourd'hui, dans le monde global, d'avoir sa propre politique étrangère et sa propre politique de défense, que pendant la guerre froide. Pendant celle-ci, tout en assumant loyalement ses obligations envers ses alliés au sein de l'Alliance atlantique dans les moments de crise, elle avait estimé conforme à son histoire, à sa géographie, à ses intérêts et à ses idéaux d'user d'une certaine liberté de manœuvre à l'Est et au Sud. Elle s'en est bien trouvée, l'Europe et le monde aussi.

Depuis 1989-1990, le monde a changé en profondeur, mais en quoi ? Les analystes ne s'accordent pas à son sujet : forme-t-il un « monde plat », unifié par l'américano-globalisation et l'économie de marché, une « communauté internationale » partageant les mêmes valeurs universelles, un monde « uni » ou « multipolaire », le champ clos d'un inévitable « clash des civilisations », ou encore une civilisation prédatrice condamnée par son incapacité à restaurer à temps dans la biosphère les équilibres vitaux ? Un peu de tout cela, sans doute.

Dans tous ces cas de figure, la France prendrait un grand risque en s'en remettant pour sa politique étrangère à une nouvelle Sainte Alliance occidentale génétiquement programmée pour affronter, pour des raisons idéologiques, sécuritaires, énergétiques ou autres, les pôles non occidentaux, conduite par des États-Unis non influençables de l'extérieur et sujets à des accès d'aventurisme.

De la même façon, elle s'illusionnerait et s'affaiblirait gravement en s'en remettant à la problématique politique étrangère d'une virtuelle Europe puissance se déterminant à la majorité des Vingt-Sept, bien intentionnée mais bien peu puissante. Elle rognerait tous les aspects saillants de sa propre politique étrangère pour se conformer à une ligne moyenne. Elle y perdrait beaucoup en influence et en sécurité. Et qu'est-ce que l'Europe y gagnerait ? On a vu par surcroît que le mouvement vers l'intégration politique est durablement stoppé, voire qu'il va atteindre son terme ultime à vingt-sept.

Quels que soient les mérites du futur haut-commissaire, il en résulte que la France va devoir continuer à mener sa propre politique étrangère comme elle l'a fait depuis le milieu des années 1960.

Naturellement, la France est un pays occidental, allié des États-Unis, et elle partage avec les autres pays occidentaux le trésor de la démocratie et des droits de l'homme, ce qui ne signifie pas que ni elle ni eux détiennent la formule magique pour leur propagation dans le monde. Mais cela ne veut pas dire qu'elle ait exactement, au même moment, les mêmes intérêts que les autres démocraties, ni la même façon de les garantir.

Naturellement, elle est aussi un pays européen et son intérêt est que l'Union européenne soit l'expression d'États membres forts, capables d'établir par le haut une synthèse ambitieuse de leurs intérêts et de leurs projets dans le monde, et non l'inverse.

Mais, occidentale et européenne, elle n'en a pas moins ses intérêts et ses conceptions propres. Autant, pour retrouver confiance en elle dans la mondialisation, la France a besoin d'un sursaut psychologique, d'une révolution mentale et d'un rejet du défaitisme, appuyés sur des initiatives fortes et des politiques innovantes, autant, en politique étrangère et en défense, la France ne doit surtout pas baisser les bras.

Mais que doit-elle changer ?

A. Notre politique étrangère ne doit pas être poursuivie à l'identique

Ce n'est pas parce que beaucoup d'appels à la « modernisation » de notre politique étrangère et de défense sont des appels à la normalisation atlantiste ou européiste qu'il n'y a rien à moderniser. Cette politique est à réinventer constamment. N'oublions cependant pas que, depuis la fin de la guerre froide, deux présidents de la République (ainsi que sept ministres des Affaires étrangères et huit ministres de la Défense) se sont employés à cette modernisation et qu'un troisième s'y attaque énergiquement. Monde global, problèmes globaux, nouveaux acteurs, etc., tout cela n'est déjà plus tout à fait nouveau. Qu'en est-il aujourd'hui ?

D'abord, *changer de ton* : aussi surprenant que cela puisse paraître, alors que notre pays sort tout juste d'une longue période de doute sur lui-même, et qu'il s'est sous-estimé comme une puissance « moyenne », il continue d'être perçu comme « arrogant » dans une grande partie du monde. Bien sûr, ce reproche, ancré dans une histoire et des comportements déjà anciens, est utilisé par les pays qui veulent nous dissuader de prendre des initiatives, mais cette perception est répandue au-delà.

Comment la corriger sans raser les murs ? Deux exemples :

Aussi sincères que nous le soyons en le disant, faut-il sans arrêt rappeler que la France est la « patrie des droits de l'homme » ? D'abord, historiquement, la Grande-Bretagne (l'Angleterre, plutôt) et les États-Unis pourraient revendiquer tout autant le titre. Ensuite, à quoi sert de répéter cette formule (même si ponctuellement elle peut être vraie, ou émouvoir) et créer par là des attentes, puisque nous ne disposons pas d'une formule magique qui nous permettrait d'obtenir que les droits de l'homme soient respectés en Chine, en Russie, dans le monde arabe, en Afrique, par exemple, et que nous ne cesserons pas d'acheter du gaz aux Russes, du pétrole aux Saoudiens et de vendre nos technologies aux Chinois ? Davantage de modestie sur ce point serait plus conforme à la réalité et n'affaiblirait en rien, par ailleurs, nos efforts concrets en faveur des droits de l'homme.

Même remarque à propos de cette vocation « universelle » dont nous aimons nous réclamer. Qu'est-ce à dire ? Si nous avons des idées géniales pour améliorer le monde que personne d'autre n'a eues avant nous, l'univers s'en rendra compte et nous en saura gré. Si ce n'est pas le cas, pourquoi le proclamer par avance comme si cela nous était consubstantiel, au risque de nous exposer au démenti ou au ridicule ?

Il nous reste une révolution à accomplir dans nos mots, nos attitudes, notre ton, les modalités de nos annonces, nos « initiatives ». Les médias audiovisuels qui, par nature, valorisent ou suscitent le spectaculaire et les pseudo-nouveautés, sont un facteur aggravant, mais rien n'oblige à y céder et ils sont eux-mêmes un reflet autant qu'une cause. Entre l'excès de prétention et l'excès de sous-estimation de soi, nous sommes passés par des extrêmes qui nous handicapent. Il est temps de trouver notre équilibre.

Notre capacité d'écoute est insuffisante. Il sera de plus en plus difficile de décider entre nous seuls si nous devons conserver une politique arabe, une politique africaine, et laquelle, sans en parler avec les intéressés et sans les écouter longuement. L'idée d'« Union de la Méditerranée », avancée par le président Sarkozy, est dans son principe un progrès, quelle que soit son issue : plutôt qu'une politique de l'Union européenne *pour* les Méditerranéens, des projets élaborés entre eux *par* les Méditerranéens.

Ce changement de ton concerne bien sûr les diplomates, mais, en réalité, ce sont eux qui y sont le mieux préparés ; tous ceux d'entre eux qui ont à négocier dans un cadre multilatéral – ONU, Union européenne, etc. – l'ont intégré depuis longtemps et devraient diffuser davantage leur savoir-faire dans l'appareil d'État et dans la société. Les hommes politiques, les journalistes, les intellectuels, en revanche, en sont loin : ils parlent en vase clos, mais, à l'extérieur, sont parfois mal compris. Les gens de culture ont souvent la curiosité et le goût de ce qui est différent ; en même temps, ils sont pétris de l'idée que la France a vocation à se projeter sur le monde. Quand c'est le monde qui se projette sur la France, les Français ne s'y retrouvent plus. Il faut pourtant nous y faire.

Pour savoir comment nous sommes vus, tout négociateur français aurait intérêt à lire Charles Cogan, *How to deal with the Grande Nation*, interroger les patrons ou les directeurs internationaux des grands groupes français pour comprendre comment ils s'y prennent...

Re-responsabiliser les États : un des leitmotive de la modernisation concerne les « nouveaux acteurs » des relations internationales. Mais qui ne sait, depuis le temps, que les États n'ont plus le *monopole* des relations internationales ? Qui ignore encore le rôle des grandes entreprises globalisées, beaucoup plus puissantes que bien des États, celui de la myriade d'ONG de toutes natures, l'effet de la médiatisation instantanée de tout sur les sociétés, les débuts d'un embryon de justice internationale ? Et aussi, bien sûr, la face noire de la globalisation : migrations incontrôlées, terrorisme global, pandémies facilitées, mafias transnationales, traites humaines, économie du crime ?

Il faut certes en tirer toutes les conséquences. Mais certains sont tombés dans l'excès inverse. Les États n'ont plus le monopole, certes, mais ils conservent une responsabilité spécifique que personne d'autre n'exerce. À trop répéter qu'un État, un pays, seul, ne peut plus rien, on en est venu à déresponsabiliser les gouvernements et à décourager les citoyens alors que le multilatéralisme suppose, pour être efficace, la coopération et l'engagement d'États forts au sein d'un cadre commun. Beaucoup d'ONG apportent une contribution irremplaçable au développement, à l'action humanitaire, à la défense des droits de l'homme ou de l'environnement, mais elles ne peuvent pas se substituer aux États ; dans la plupart des cas, d'ailleurs, elles ne le veulent pas et c'est faire un contresens que de prêcher d'abord la société civile comme panacée dans certains pays où le gouvernement n'est même pas capable d'assurer un minimum de sécurité et de solidarité.

Autre exemple : autant il serait absurde de concevoir notre politique étrangère, aussi bien bilatérale que globale, sans les grandes entreprises, autant il est sain de rappeler que les États ont des responsabilités globales et non spécialisées, qu'ils ne peuvent se concentrer sur ce qui est rentable, et que leur rôle ne se borne pas à rendre service aux grandes entreprises. D'ailleurs, la vague anti-État, libérale, post-gauchiste ou européiste, a atteint son paroxysme et commence à refluer.

On est gêné d'avoir à rappeler de telles évidences, mais la confusion des esprits, durant ces quinze à vingt dernières années, a été telle que c'est indispensable.

La prise en compte des autres acteurs par les politiques publiques doit être systématique, très en amont, sans confusion des rôles ni des responsabilités. Il ne peut y avoir, au sens propre du terme, de « diplomatie » parlementaire, régionale ou municipale. Seuls les gouvernements ont la compétence diplomatique et la capacité d'engager leur pays. Si l'on parle, pour faire image, de diplomatie économique, culturelle, humanitaire, environnementale ou autre, c'est toujours de diplomatie qu'il s'agit : l'art de la négociation. Celui-ci est devenu plus ardu dans un monde de 192 États (une dizaine au congrès de Vienne, 54 à la création de l'ONU) où tout se passe, presque instantanément, de façon publique, où le régime d'opinion attise en permanence sentiments et passions et rend plus difficile de garder une idée claire de nos intérêts fondamentaux et de faire admettre les nécessaires compromis. Dans ces systèmes médiatisés, l'exploitation des émotions publiques, leur canalisation ou leur instrumentalisation tendent même à devenir l'essence du politique. Henry Kissinger déplorait autrefois qu'Israël n'ait qu'une politique intérieure et pas de politique étrangère, ce qui l'affaiblissait. C'est quasiment devenu la norme. Malgré cela, la diplomatie demeurera l'art de trouver un arrangement entre intérêts contraires ou antagonistes, et d'éviter les affrontements.

L'État moderne doit avoir une vue d'ensemble de ces phénomènes et créer en chef d'orchestre une synergie de toutes nos actions et interventions conformes à ses idées et à ses intérêts. Il doit animer, mais pas décider seul. Il n'y a pas à opposer politiques de *puissance* – qui restent largement pratiquées dans le monde, quoi que l'on croie en Europe – et politiques d'*influence* qui la continuent par d'autres moyens, sur d'autres terrains, avec d'innombrables leviers. La pseudo-panacée – tout miser sur l'influence par défaut de puissance – n'en est évidemment pas une, que ce soit pour la France ou pour l'Europe. D'un autre côté, une politique moderne d'influence est indispensable. Elle doit être très active, mais d'abord être pensée. Elle doit être globale (mettant à profit tous les éléments d'influence, de l'arme nucléaire aux parfums, des fusées à la gastronomie, du plus matériel au plus immatériel, de l'influence intellectuelle à l'intelligence économique). Elle se pratique déjà chaque jour. Elle doit devenir plus consciente. Elle doit être persévérante : c'est le contraire d'une politique de « coups », même si certains peuvent être utiles pour frapper l'opinion. Mais elle n'a aucune chance de donner de bons résultats sans le changement de ton évoqué plus haut. Veiller à nos intérêts dans les nombreuses enceintes multilatérales, anticiper très en amont des règlements, directives ou décisions qui s'élaborent par exemple au sein de l'Union européenne, pour que ces règles prennent en compte dès leur genèse nos intérêts, constituer des minorités de blocage, rassembler des majorités d'idées, valoriser notre image, conquérir les esprits : tout cela est absolument contradictoire avec le fait de décréter que nos idées ont par nature une portée universelle, ou de penser que nous pourrons « bloquer » *in fine*. Il va falloir choisir.

La puissance et la persévérance nourrissent l'influence, la prétention la mine. La classe politique devrait avoir le courage d'aller contre le goût de l'opinion et des médias pour les initiatives spectaculaires et sans lendemain, et mieux faire valoir son action de longue durée.

B. Inversement, nous ne devons pas brader nos acquis dans les domaines diplomatiques, militaires, juridiques, culturels ou autres, sur l'autel de la « modernisation », mais au contraire les valoriser

C'est une chance extraordinaire pour nous de disposer de 158 ambassades et 17 représentations permanentes, de 97 consulats (sans oublier les 15 000 Français fonctionnaires dans les institutions multilatérales, même si c'est d'une autre nature), d'une présence militaire à l'étranger forte, d'une langue répandue, d'entreprises performantes, d'un des deux grands systèmes juridiques existants, de tous nos leviers d'influence économiques et autres dans la mondialisation recensés en première partie. Certes, tout cela évolue, doit évoluer. Par exemple, si la France menait une politique résolument atlantiste et otanienne, elle pourrait aller plus loin, sur le plan militaire, dans la spécialisation des tâches et la mutualisation des charges. Elle pourrait coupler cette approche avec la mise en commun européenne (vieux serpent de mer !) des fabrications d'armements qui se justifie d'ailleurs en soi. Si elle veut garder sa propre politique, elle doit en revanche garder une large gamme de moyens, compatible avec ceux de ses alliés, mais sous sa responsabilité. En revanche, aucune évolution ne justifierait qu'elle liquide son réseau culturel, sauf à abandonner carrément le français à son sort, au désespoir des francophones.

Dans tous les cas, le réseau consulaire puis diplomatique devrait être repensé au sein de l'Union européenne.

La France a tout intérêt à conserver son réseau diplomatique dans le monde. Qu'il faille le moderniser, le faire vivre, est une évidence et une pratique constante : multiplication des postes à effectifs réduits, ambassades régionales, ailleurs au contraire ouverture ou renforcement ; et c'est encore plus vrai du réseau consulaire qui doit suivre la présence des Français. Il ne faut néanmoins pas le faire dans un esprit d'abandon, par fatigue mentale ou budgétaire, mais dans un esprit dynamique de présence renforcée auprès des émergents et des autres puissances qui vont compter.

L'indifférence des élites françaises au sort du français et de la francophonie – mis à part les spécialistes – est un scandale et une absurdité. Manifestation, sans doute, d'une sorte de déprime nationale et de faux modernisme, se préoccuper du français leur paraît une obsession de vieilles barbes, le comble étant atteint dans les milieux économiques globalisés où le snobisme, en plus de l'efficacité pratique, s'en mêle. Ni les Espagnols, ni les Russes, ni les Arabes, ni les Chinois ni les Allemands, entre autres, ne sont aussi désinvoltes avec leur propre langue. Si l'américain était sérieusement menacé, les États-Unis n'hésiteraient pas à adopter des lois Tasca, Toubon ! La France est le seul pays qui a la chance de disposer d'une langue de culture et de communication et qui s'en désintéresse, sauf institutionnellement. Le résultat en quarante ans est là. Naturellement, l'objectif à atteindre est que tous les Français comprennent et parlent l'anglais, et que le plus grand nombre possible de Français maîtrisent une troisième langue. Ce n'est pas contradictoire, au contraire.

Nous devons aussi conserver notre extraordinaire réseau de lycées français, nos 144 centres et instituts culturels (en élargissant le public touché), les 283 alliances françaises, trouver la formule optimale pour le rayonnement de notre audiovisuel extérieur, réaugmenter le nombre et le montant nos bourses, redevenir un pays où se forme en français ou en anglais une partie des élites du monde, garder un levier d'aide au développement, conserver des coopérants techniques, devenir beaucoup plus performants au niveau des appels d'offres internationaux.

Il ne s'agit pas de tout faire, mais de ne pas céder à la lassitude historique devant la nécessité d'être nous-mêmes, et d'être cohérents.

C. Clarifier, changer de ton, ne brader aucun de nos acquis, qui sont des atouts pour demain : mais pour quel contenu dans notre politique étrangère et de défense ?

La redéfinition de notre politique étrangère excède les limites de ce rapport, et d'ailleurs le président de la République en a déjà fixé pendant la campagne électorale et, depuis, lors de la conférence des ambassadeurs, les orientations. Il a parlé, décidé, agi, ainsi que le ministre des Affaires étrangères. Néanmoins, la question peut être posée, là aussi, au-delà de l'actualité : qu'est-ce qui doit être modifié – ou non – dans notre politique ?

Le préalable est de repartir d'une vision moins chimérique et plus réaliste du monde global d'aujourd'hui.

L'opinion semble s'être à la fois convaincue, à tort, du déclin de la France, et habituée à ce que la politique étrangère consiste pour l'essentiel à aider les peuples victimes de tragédies ou à faire des discours généreux comme si nous trônions, hors d'atteinte, sur une sorte d'Olympe, et que nous puissions nous consacrer presque exclusivement aux malheurs des autres, par gloriole, tradition ou sincère compassion.

Il n'en est rien. Les Occidentaux sont certes encore dominants, mais ils ne représentent, répétons-le, qu'environ un milliard d'êtres humains sur les six milliards et demi d'habitants de la planète, proportion appelée à baisser encore avec le « choc démographique » en cours. Au moment même où l'on prédisait sa fin, l'histoire – des autres ! – s'est remise en marche. Les pays émergents émergent pour de bon. Ils ne cherchent pas seulement à entrer de plain-pied dans l'économie globale de marché, mais aussi à retrouver la place géopolitique qui leur revient. Les excédents commerciaux chinois, les multinationales chinoises, indiennes, russes ou brésiliennes (les fameux Bric), les fonds « souverains » ne sont qu'un signe avant-coureur de la gigantesque redistribution des cartes qui nous attend. Derrière les grands émergents, une bonne dizaine d'autres puissances surgit déjà, créant un monde multipolaire instable et concurrentiel. Le rapport de forces au sein de l'OMC – on ne peut rien nous y imposer, mais nous ne pouvons plus rien y imposer – en est une préfiguration. La compétition va s'accroître férocement autour des sources d'énergies fossiles (sauf percée scientifique majeure) et des voies d'acheminement (voir la stratégie pétrolière et maritime chinoise) et entre capitalismes concurrents. La dégradation de notre environnement, c'est-à-dire, en fait, des conditions de survie de l'espèce humaine, a déjà commencé à générer des tensions internationales.

Tous ces problèmes ne se dissoudront pas dans une croissance écologiquement prédatrice à deux chiffres, quoi qu'espèrent les dirigeants chinois. Penser, comme l'administration Bush, que le maintien d'une supériorité militaire absolue suffira à préserver nos intérêts, est irréaliste. Elle en a apporté elle-même la preuve. Se convaincre, comme les Européens modernes, que des discours sur les droits de l'homme, l'exemplarité de nos normes et des partenariats avec tout le monde constituent une réponse suffisante, l'est tout autant.

Ce n'est pas manquer d'humanité que d'estimer qu'une politique étrangère réaliste doit d'abord se préoccuper d'assurer à moyen et long terme notre sécurité géopolitique, stratégique, économique, écologique.

Ce qui n'exclut en rien, au contraire, comme nous devons le faire de toute façon en tant que membres du Conseil de sécurité, du G8 et autres, de contribuer de la meilleure façon possible à la résolution des problèmes du monde. La France a, à cet égard, une expérience, une créativité et un savoir-faire tout à fait particuliers. Mais pas en faisant comme si nous n'avions pas d'intérêts vitaux à défendre, seulement des idéaux universels.

Ainsi, pour corriger l'illusion d'optique qui s'est installée à partir des meilleures intentions sur le multilatéralisme, nous devons agir le plus efficacement possible *dans* le cadre des institutions internationales où les États essaient de coopérer avec un maximum d'efficacité, et non pas attendre qu'une « communauté internationale » mythique le fasse à notre place.

Sans passer en revue tous les volets de notre politique étrangère, cinq grandes questions méritent d'être évoquées dans ce rapport : notre politique européenne, nos relations avec les États-Unis et notre attitude envers les priorités de leur diplomatie, notre politique envers les pays émergents, notre politique arabe, notre politique africaine.

Notre politique européenne

Elle doit prendre acte de la stabilisation de l'*intégration* (au stade du traité simplifié) qui laisse ouverte la poursuite de la *construction européenne*. Elle doit obtenir de nos partenaires, malgré les oppositions de principe, l'indispensable débat sur les frontières logiques et souhaitables de l'Union. Contribuer à l'élaboration de nouvelles politiques à vingt-sept (énergie, environnement, recherche, migrations), d'une politique économique de croissance écologique concertée dans la zone euro. Inspirer d'autres projets gouvernementaux à géométrie variable. Poursuivre la clarification de ce qui relève de la politique extérieure et de sécurité commune de l'Union, c'est-à-dire la partie *commune* des politiques étrangères des pays européens qui en ont une, et ce qui continuera à relever des États membres tout en étant harmonisé (exemple : France et Grande-Bretagne en Afrique). Pousser l'Union à se penser comme une puissance, faute de quoi elle ne sera même pas un pôle dans le monde multipolaire en formation, et à construire des rapports de forces intelligents avec les grands pays émergents.

Il sera difficile, en réalité, de sortir de la formule « amis, alliés, pas alignés ». Amis du peuple américain. Alliés dans l'alliance et donc partenaires le plus souvent possible. Mais pas alignés sur n'importe quelle politique étrangère ou militaire américaine. Si nous oublions un de ces trois volets, la réalité nous y ramènera. Ces relations comportent d'ailleurs une seule difficulté sérieuse : comment gérer les inévitables désaccords lorsqu'ils s'en présentent – en les théâtralisant ou en les maîtrisant ? Cette dernière attitude est préférable, mais il faut être deux pour cela, anticiper constamment, ne pas réagir à chaud, se concerter.

Quels problèmes peuvent surgir entre la France et les États-Unis dans la période qui est devant nous ? Jusqu'à l'élection du nouveau président, en novembre 2008, les États-Unis peuvent-ils encore nous placer devant des choix difficiles ? Oui, en trois domaines :

1) en intervenant unilatéralement en Iran, ce que le président Bush reste tout à fait en mesure de décider (même si ce n'est pas le plus probable) ;

2) en accélérant sans débat le projet de bouclier antimissile en Pologne et en République tchèque sans tenir compte du mécontentement et des contre-propositions russes et des interrogations en Europe ;

3) en nous demandant, au motif que le président Sarkozy est perçu comme un ami, de les aider en Irak, en Afghanistan ou ailleurs au-delà de ce que nous voudrions faire.

Dans quels domaines les choses pourraient-elles s'améliorer ?

1) Au Proche-Orient (Israël/Palestine) si Mme Rice, qui essaie de sauver du discrédit l'administration sortante, réussit à prendre le contre-pied de ce qui a été fait depuis l'arrivée au pouvoir de George W. Bush, dans le sens préconisé par James Baker, mais sans le dire, et si la conférence sur le Proche-Orient convoquée à l'automne par le président Bush relance un processus ;

2) sur le climat, où le président Bush non seulement ne nie plus le problème, mais annonce des initiatives ;

3) sur l'Otan, si l'administration sortante se montre plus ouverte au printemps 2008.

Cela dit, est-ce avec cette administration – même si elle devient plus disponible – qu'il faut essayer de bâtir quelque chose de nouveau et de solide ?

Un meilleur schéma serait sans doute :

• une coopération pragmatique, autant que possible au cas par cas, avec l'actuelle administration jusqu'à fin 2008, sans relance des contentieux. C'est ce qui est fait, et au-delà, depuis mai 2008 ;

• l'élaboration avec Mme Merkel, Gordon Brown et les autres Européens, pendant cette année 2007-2008, d'une position sur ce que les Européens attendent des États-Unis : une vraie alliance entre partenaires et l'acceptation d'un pôle européen de défense plus fort dans l'alliance ? Une vraie concertation sur les projets de système défensif ? Une autre politique au Proche et au Moyen-Orient ? Un engagement dans le post-Kyoto ? La présidence française au second semestre 2008, juste avant le changement d'administration à Washington, favorise ce scénario. *Il y a là un moment à saisir, une formidable opportunité pour la France et pour l'Europe ;*

• la coordination au premier semestre

2009 des rencontres des grands leaders européens avec le nouveau président des États-Unis ;

• une concertation européenne sur un sommet spécial de réforme de l'Otan au printemps 2009.

Trois autres sujets sont étroitement liés à notre positionnement par rapport aux États-Unis :

• *La question de la sécurité.* De deux choses l'une : soit nous acceptons l'analyse de l'administration Bush : il y un terrorisme global contre les Occidentaux, les Israéliens et quelques alliés des États-Unis, auquel on répond par une « guerre contre le terrorisme » qui reconfigure autour de ce seul but l'ensemble de la politique étrangère et de défense, en s'interdisant toute analyse du terrorisme (exemple : conflit du Proche-Orient), parce que l'analyser serait justifier l'injustifiable. Soit, au contraire, on se libère de ce simplisme dangereux qui a peut être renforcé la sécurité mais plus encore les risques, et on reformule une politique qui offre le maximum de protection contre les opérations terroristes ; mais aussi qui prive petit à petit les terroristes islamistes de leurs meilleurs arguments de propagande et de recrutement (Proche-Orient, Irak, Iran, situation intérieure des pays arabes) ; et on n'en fait pas le seul problème du monde.

On ne fera pas disparaître les terroristes islamistes du jour au lendemain, mais ils ne pourront pas non plus renverser les démocraties, ni même les régimes arabes. L'Islam « normal » modéré finira à la longue par les phagocyter si les Occidentaux ne le gênent pas trop par leurs erreurs.

• *La question des ADM (armes de destruction massive).* Les accords internationaux de non-prolifération (nucléaire, bactériologique, chimique) doivent certainement être relégitimés, repensés et durcis. Mais ils ne pourront pas l'être par les Occidentaux sous leur pseudonyme habituel de « communauté internationale ». Ils devront être vraiment négociés avec toutes les puissances d'aujourd'hui et de demain.

Étant donné que le recours au nucléaire civil va se redévelopper pour des raisons évidentes de besoin énergétique et de lutte contre l'effet de serre, il pourrait être créé une autorité mondiale chargée non de lutter contre la prolifération du nucléaire militaire (il y a déjà l'AIEA), mais de garantir la sûreté des centrales. Cette autorité devrait être dotée pour cela de pouvoirs supranationaux intrusifs de contrôle et d'inspection, jusqu'à lui permettre, si nécessaire, l'arrêt des centrales dangereuses.

• *La diplomatie transformationnelle.* Est-il légitime et réalisable d'agir de l'extérieur pour transformer en démocraties les régimes non démocratiques ? Ce courant occidental déborde très largement le courant néo-conservateur (*cf.* la conférence sur la démocratie à Varsovie en 2000, les positions de nombre d'intellectuels français et l'inclination de l'opinion). Les mésaventures américaines en Irak (l'Irak nouveau était censé être un exemple de démocratie irrésistiblement contagieux pour toute la région) devraient inciter à plus de prudence (ce n'est pas la démocratie qui fait problème, c'est le prosélytisme). La démocratisation devrait être traitée comme un processus souhaitable mais périlleux, non comme une conversion aisée.

Nous avons besoin de nous doter d'une autre doctrine d'encouragement à la démocratie, ajustée au cas par cas, sans relativisme ni néocolonialisme. Sans oublier qu'en ce domaine une ancienne puissance coloniale n'est pas forcément la mieux placée. Les principes en seraient :

– distinguer é-tablissement et ré-tablissement de la démocratie en tirant les leçons des expériences passées ;

– ne pas confondre démocratisation des sociétés homogènes et hétérogènes ;

– ne pas croire que l'application des techniques démocratiques (élections) suffit à implanter aussitôt la culture démocratique (respect de la minorité) ;

– distinguer processus interne de démocratisation et démocratisation par intervention extérieure ;

– mesurer au cas par cas avantages et inconvénients des ingérences externes ;

– valoriser au mieux le potentiel de démocratisation propre à chaque pays.

Sans attendre l'instauration de la démocratie, que faire pour obtenir un meilleur respect des droits de l'homme par les autres ?

Soyons francs : cette action peut être décisive dans un pays donné, à un moment donné, mais elle ne peut être « le » centre de notre politique. Ce qui en forme le cœur, c'est notre sécurité. Mais il est également impossible – et inacceptable – de mener dans nos sociétés une politique étrangère qui fasse l'impasse sur les droits de l'homme. À nous de voir, au cas par cas, toujours en nous appuyant sur des demandes internes, ce que l'on peut obtenir étape après étape. L'opinion ne demande pas, sur ce plan-là, de vaines promesses, mais un engagement réaliste et continu.

Notre politique étrangère doit prendre la mesure des grands pays émergents

À leur égard, notre action doit se situer à deux niveaux :

• au niveau de la France, une vraie politique chinoise, par exemple : un « Monsieur Chine » à l'Élysée dans la cellule diplomatique, jusqu'aux échéances de 2008 et 2010, un vrai investissement diplomatique et intellectuel sur l'Inde, le Brésil, etc. ;

• pousser l'Union européenne à bâtir un rapport de forces global avec chacun des émergents, qui garantisse l'équilibre des coopérations et les convainque qu'ils ont eux aussi intérêt à respecter des règles économiques et des normes environnementales (pour les normes sociales, il faut s'appuyer sur les conventions de l'Organisation internationale du travail caractérisant les normes minimales).

• Notre politique à l'égard de *la Russie* mérite une réflexion particulière. Quels sont nos intérêts ? Quels sont nos buts ? D'abord, nous avons besoin d'elle, ou plutôt de ses ressources naturelles. Mais nous ne voulons pas qu'elle en abuse, comme n'importe quelle grande puissance, pour faire pression sur nous (quantité, prix). À nous de bâtir une politique européenne commune de l'énergie en surmontant les contradictions entre les Vingt-Sept, et qui équilibre la relation. En sens inverse, la Russie est intéressée par les investissements et les technologies occidentaux. Cela nous donne un levier, mais nous avons nous-même besoin de ces contrats. D'autre part, de grandes entreprises

– comme Gazprom –, des banques et bientôt un fonds souverain (« fonds des générations futures », peuvent vouloir entrer au capital d'entreprises occidentales, voire les acheter, ce qui peut nous poser des problèmes de principe ou de sécurité. Il faut donc gérer ces intérêts croisés, à la fois complémentaires et antagonistes. Nous souhaitons par ailleurs que la Russie ait une politique étrangère pacifique et constructive vis-à-vis de nous et de tous ses voisins. Mais, justement, elle n'a pas la même conception de ses intérêts en Europe, dans les Balkans, le Caucase ou l'Asie centrale que celle que nous voudrions qu'elle adopte. Et ses valeurs ne sont pas exactement les nôtres.

Mais comment influencer ce pays humilié par la décennie 1989-2000, qui s'estime « de retour » et défend à nouveau ses intérêts sans complexe, voire brutalement ? Est-il plus facilement influençable que, par exemple, les États-Unis qui sont nos alliés ? A fortiori si nous prétendons non seulement orienter davantage sa politique étrangère dans notre sens, mais peser dans le sens d'une démocratisation plus rapide et plus réelle de ce pays.

C'était une illusion de penser qu'après mille ans de despotismes variés la Russie puisse devenir d'emblée, par la seule grâce de la chute de l'URSS, une démocratie à l'occidentale. Elle deviendra progressivement plus démocratique, mais, jusqu'à maintenant, Vladimir Poutine n'a jamais eu moins de 70 % de partisans dans les sondages de popularité.

Nous aurons donc affaire pendant une assez longue période de transition à une Russie différente à laquelle il faudra résister tout en coopérant avec elle sur des sujets bilatéraux, européens et globaux. Défendre nos intérêts et lui dire franchement ce que nous pensons, c'est faisable.

Enfin, deux questions récurrentes, ces dernières années : nos politiques arabe et africaine

Renoncer à la *politique arabe* de la France serait une concession inutile à une partie de la presse américaine et à la droite israélienne. Cette politique a été parfois critiquable, mais a été plus souvent encore caricaturée. Que dire alors de la politique arabe de George W. Bush ou de celle du Likoud ? Une politique arabe n'est pas choquante « en soi ». En revanche, la nôtre doit être clarifiée et reformulée en tenant compte du fait qu'une approche « arabe » globale est impraticable : ces pays sont en désaccord sur trop de sujets. Mais avoir des relations fortes avec chaque pays arabe en particulier, à déterminer au cas par cas, s'impose à nous, au Maghreb comme au Proche-Orient. Une approche « méditerranéenne » peut renouveler l'exercice, surtout si on peut individualiser la Méditerranée occidentale, malgré l'inexistence regrettable de toute entité maghrébine.

Mais la politique arabe a surtout été présentée par ses contempteurs comme synonyme de complaisance envers des régimes arabes despotiques et anti-israéliens. Rien de fatal à cela. Les pays arabes ne sont pas dispensés par exception de l'effort de modernisation et de démocratisation attendu dans le monde entier, et qu'espèrent leurs propres peuples. À l'inverse, ce serait peu glorieux de notre part de nous montrer plus exigeants envers un pays arabe qu'envers la Chine ou la Russie, sous prétexte que ce pays serait francophone, plus proche et en principe plus vulnérable à nos pressions. Peut-être faudrait-il tenter d'inscrire l'ensemble de nos relations avec les pays arabes (nous, et l'Union européenne) dans un « partenariat pour la modernisation politique et économique », dans lequel les pays arabes auraient un rôle plus grand, de vrais partenaires, que celui qu'ils avaient eu dans la genèse de Barcelone ? Ce qui supposerait qu'ils soient associés à sa conception, ce qui n'avait pas été le cas du « Grand Moyen-Orient » de l'administration Bush, tentative mort-née de donner un sens à l'aventure irakienne. L'Union de la Méditerranée en projet pourrait en être le cadre. N'oublions cependant pas qu'ils ont d'autres partenaires que nous, et qu'ils ne vivent pas dans l'attente de nos propositions.

La politique arabe, c'est aussi bien sûr la question palestinienne. Il est tout à fait faux de dire – au moins depuis le voyage de Mitterrand en Israël en mars 1982 – que la politique française au Proche-Orient est « déséquilibrée ». Simplement, depuis Mitterrand à la Knesset, voire avant avec Giscard, elle n'a cessé de dire que les Israéliens ne seraient pas en paix ni en sécurité tant qu'ils n'auraient pas résolu correctement la question palestinienne et accepté un État palestinien dans les territoires occupés et évacués. Cette position n'a jamais gêné un Rabin, un Shimon Peres, un Barak, les travaillistes, en général le camp de la paix, plusieurs grands médias israéliens, de nombreuses personnalités et même une large proportion de l'opinion israélienne qui en accepte la nécessité, comme les sondages le montrent tous depuis des années. En revanche, cette position française prémonitoire et claire a longtemps été une cible facile pour tous ceux qui, en Israël et ailleurs, refusaient le principe même d'une restitution des territoires, récusaient toute négociation, tout négociateur, et essayaient de discréditer tous les soutiens extérieurs à un État palestinien. Il est vrai aussi que, juste sur le fond, la position française a trop souvent été, à l'égard d'Israël (entre autres), énoncée de façon désagréable, sermonneuse, sur le mode donneur de leçons.

On peut juger révoltante la situation faite au peuple palestinien – elle l'est – et de surcroît absurde sur le plan des intérêts de sécurité occidentaux, européens et israéliens. On peut être convaincu des formidables perspectives que créerait un règlement viable de ce conflit pour les Israéliens, les Palestiniens et tout le Proche-Orient, et donc aussi pour nous. Cela ne justifie pas que toutes nos relations avec Israël se ramènent à une désapprobation. Israël est un pays démocratique et pluraliste. Le débat y est vif. Les échanges franco-israéliens qui se sont développés à partir de 2003, de « société civile » à « société civile », après que le gouvernement de 2001-2002 eut été injustement accusé d'être indifférent aux actes antisémites commis dans certaines banlieues, ont été une bonne chose.

De toute façon, la France a pu dire des choses fortes, justes et courageuses sur ce conflit, mais elle n'a jamais été en mesure de résoudre le problème à la place des protagonistes directs – Israéliens, Palestiniens –, des Américains ou des Arabes. Mais elle a intérêt à ne pas admettre le sophisme répandu sur le caractère prétendument marginal de ce conflit, et à rester présente et disponible. En effet, rien n'envenime plus la relation Islam/Occident que le statu quo au Proche-Orient, d'autant que tous les éléments d'une solution acceptable sont connus.

La France a également intérêt à garder *une politique africaine* :

Les tentations d'abandon se fondent sur de mauvais arguments ; il n'est que de voir, a contrario, l'engagement croissant en Afrique de la Chine et des États-Unis. La solution dite d'« européanisation » ne peut être que partielle, ou alors c'est un leurre et une démission : il n'y a pas de volonté à vingt-sept pour mener une vraie politique africaine, tout juste une politique d'aide très conditionnée, ce qui ne répond plus aux besoins à l'heure où l'Afrique utilise, elle aussi, les opportunités de la globalisation ; il vaut mieux travailler à faire converger les politiques africaines de ceux qui en ont une : France, Grande-Bretagne, Portugal, Espagne, Italie, peut-être Allemagne, Commission. Notre politique africaine doit être repensée dans son ton, son style et ses méthodes.

La meilleure façon d'y parvenir serait de nous mettre réellement à l'écoute des Africains, qu'une commission bipartite leur demande ce qu'ils attendent aujourd'hui de la France et de l'Europe, et de reformuler ensuite clairement avec eux nos objectifs, notre stratégie, notre politique.

La question des moyens, des instruments, de l'organisation ne sera qu'effleurée ici.

Des propositions nombreuses et précises ont été faites depuis dix ans pour réformer, renforcer, revigorer à tous les niveaux (Élysée, Matignon, Quai d'Orsay, Défense, Bercy) les structures et les méthodes de pilotage de notre politique étrangère, de notre politique commerciale, de notre politique culturelle, etc. Mais plus qu'une question de structures, c'est une question de prise de conscience, d'état d'esprit, de mobilisation, de comportements et de moyens.

La mondialisation a créé une interdépendance à la fois généralisée et non maîtrisée entre 192 États et d'innombrables acteurs multilatéraux ou non étatiques. Étant donné qu'il n'y a quasiment plus aucun problème qui ne se négocie à deux, trois, dix, vingt-sept, cent cinquante, cent quatre-vingt-douze, et qu'un grand pays comme la France est engagé à tout moment dans des négociations difficiles avec des dizaines de pays ou d'organisations en tous domaines, notre capacité à analyser les positions des autres pays ou acteurs, à anticiper leurs évolutions, leurs alliances, leurs désaccords, à évaluer les possibilités de compromis, à saisir les moments opportuns, bref, à anticiper et à négocier, est donc vital.

La France a besoin d'un grand ministère des Affaires mondiales. Il existe : c'est le ministère des Affaires étrangères (et, pour les questions financières, la direction du Trésor). Les directions spécialisées des ministères sont utiles. Mais il faut une vigie centrale, une tour de contrôle. Pour toutes ces raisons, il est absurde de rogner en permanence sur les moyens de ce ministère qui ne consomme pas plus de 1,30 % du budget de l'État et utilise moins de 1 % de ses effectifs globaux. Le rapport coût/efficacité est donc excellent ! Il faut au contraire le consolider et le conforter. Et, s'il faut y faire une énième réforme, ce doit être pour le renforcer et réaffirmer son rôle interministériel.

*

En résumé : continuer à avoir notre propre politique étrangère, repensée et reformulée, forte et intelligible, est un des éléments du sursaut français dans la mondialisation. Apaiser et régulariser une relation amicale mais non dépendante avec les États-Unis, réveiller l'Europe pour qu'elle devienne un pôle de puissance, se servir constamment de nos instruments de puissance et utiliser tous nos leviers d'influence, anciens et nouveaux, pour défendre nos intérêts et propager nos idées. Anticiper, être inventifs. Au total, veiller aux intérêts des Français, prévenir les clashes qui menacent entre civilisations ou entre puissances, faire un monde vivable et plus équitable.

Annexe

RAPPORTS SUR LA MONDIALISATION

Inventaire non exhaustif des rapports récents qui contiennent des analyses utiles et des propositions sur ce que doivent faire la France et l'Union européenne dans la mondialisation :

Jean Pisany Ferry et Pierre Jacquet-Tubiana, septembre 2001, pour le Conseil d'analyse économique, « Gouvernance mondiale ».

« Organiser la politique européenne et internationale de la France », rapport Lanxade, 2002.

Henri Nallet et Hubert Védrine, « Pour un multilatéralisme efficace », Fondation Jean-Jaurès, 2003.

Rapport de Bernard Carayon sur « Intelligence économique, comptabilité et cohésion sociale ».

Rapport Landau sur « Les nouvelles contributions financières internationales », septembre 2004.

« Réflexions et propositions sur l'organisation et le fonctionnement des services de l'État à l'étranger », rapport de Raymond François Le Bris, 2005.

Rapport Beffa : « Pour une nouvelle politique industrielle », janvier 2005.

Avis du Conseil économique et social, « Vers une mondialisation plus juste », rapporté par Alain Deleu au nom de la section des Relations extérieures, et adopté le 23 février 2005.

Avis du Conseil économique et social, « Enjeux sociaux et concurrence internationale : du dumping social au mieux-disant social », rapporté par Didier Marteau au nom de la section du Travail, et adopté le 25 octobre 2006.

Rapport Gaymard sur la stratégie d'influence de la France dans les pays émergents, « Un nouvel usage du monde », décembre 2006.

Rapport Camdessus : « Le sursaut. Vers une nouvelle croissance pour la France », 2004.

Rapport Lévy-Jouyet sur « L'économie immatérielle », février 2007.

Rapport Morand : « Mondialisation, changer de posture », avril 2007.

TABLE

Photocomposition Nord Compo
Villeneuve-d'Ascq

« Pour l'éditeur, le principe est d'utiliser des papiers composés de fibres naturelles, renouvelables, recyclables et fabriquées à partir de bois issus de forêts qui adoptent un système d'aménagement durable.

En outre, l'éditeur attend de ses fournisseurs de papier qu'ils s'inscrivent dans une démarche de certification environnementale reconnue. »

Achevé d'imprimer en septembre 2007
par **Bussière**
à Saint-Amand-Montrond (Cher)

35-57-3816-2/01

ISBN 978-2-213-63571/2

Dépôt légal : octobre 2007.
N° d'édition : 94477. – N° d'impression : 073272/1.

Imprimé en France